Landgasthöfe in Südtirol

Ausgewählte
Ausflugsgasthäuser,
Buschenschänken
und Almwirtschaften

Mit Wandervorschlägen und Kulturtipps

Landgasthöfe in Südtirol

Ausgewählte Ausflugsgasthäuser,
Buschenschänken und Almwirtschaften

Mit Wandervorschlägen und Kulturtipps

Oswald Stimpfl · Folio Verlag Wien/Bozen

Hinweis
Alle Angaben erfolgen nach bestem Wissen und Gewissen. Die beschriebenen Ausflüge werden auf eigenes Risiko unternommen; Autor und Verlag übernehmen keinerlei Haftung. Für die Wanderungen wird die Mitnahme von geeignetem Kartenmaterial empfohlen oder Sie planen Ihre Wanderung mithilfe von www.trekking.suedtirol.info.

Bildnachweis
Die Fotos der Seiten 21, 124 und 133 wurden freundlicherweise von den betreffenden Gasthäusern zur Verfügung gestellt. Alle übrigen Fotos stammen von Oswald Stimpfl.

Umschlagbild: Schmidlhof, Grissian-Tisens

5. aktualisierte Auflage 2010

Grafik: no.parking, Vicenza
Satz und Druckvorstufe: Typoplus, Frangart
Printed in Italy
ISBN 978-3-85256-522-4

www.folioverlag.com

INHALTSVERZEICHNIS

VORWORT

Im „Garbaland“ der Baita Garba

Das gastronomische Leben Südtirols ist vom Wandel der Zeit nicht ausgenommen. Seit der ersten Auflage des Buches „Landgasthöfe in Südtirol“ habe ich neue faszinierende Plätze entdeckt und engagierte Gastwirte kennen gelernt.
All jenen, die die schmackhafte, bodenständige Südtiroler Küche mögen und gern Ausflüge mit einem gemütlichen Essen kombinieren, möchte ich mit diesem aktualisierten Band einen handlichen Begleiter mitgeben. Die kulinarischen Porträts von rund 85 Landgasthöfen in Südtirol enthalten auch Tipps für Wanderungen und Hinweise auf Sehenswertes. Alle beschriebenen Häuser und noch viele mehr habe ich persönlich besucht. Die Auswahlkriterien für dieses Buch? Wichtig war mir, dass die Betriebe überwiegend ganzjährig geöffnet und nicht allzu entlegen sind. Mit wenigen Ausnahmen erreichen Sie alle beschriebenen Gasthöfe bequem mit dem Auto oder auf kurzem Fußweg. Sie sind Ausgangspunkt oder Ziel lohnender Wanderungen, bieten eine eindrucksvolle Aussicht, eine gute Küche oder ein besonderes Ambiente. Sollten Sie einige Gasthöfe vermissen (die großteils ohnehin in gängigen Reiseführern zu finden und daher oft ausgebucht sind), bitte ich um Nachsicht. Dafür ist hier vielleicht so mancher Geheimtipp enthalten.
In diesem Sinne lade ich Sie zu einer Entdeckungsreise quer durch Südtirol ein: Ich führe Sie entlang beschaulicher Waalwege im Vinschgau, auf die Sonnenhänge bei Meran, über die Lärchenwiesen des Saltens, durch die üppigen Wein- und Obstgärten im Süden Südtirols oder auf die Pustertaler Almen. So wie diese Gebiete verschiedenartig sind, so hat auch jeder Landgasthof seine Besonderheiten und wartet mit verschiedenen typischen Gerichten und Weinen auf. Ich würde mich freuen, wenn Sie meine Vorschläge neugierig machen. Genießen Sie die besten Seiten Südtirols bei Erdäpfelblattln mit Sauerkraut und einem guten Tropfen „Nuien“ – oder bei Schlutzkrapfen, Schwarzplenten-Knödel, Schöpsernem und Strauben …
Viel Spaß – und guten Appetit!

Oswald Stimpfl

DIE SÜDTIROLER KÜCHE

Beim Naserhof

In Südtirol treffen kulinarische Spezialitäten aus Nord und Süd aufeinander. Überlieferte Rezepte der österreichisch-ungarischen sowie der bergbäuerlichen Küche gehen hier eine harmonische Verbindung mit italienischen Besonderheiten ein. Es gibt kaum eine Speisekarte, auf der Nudelgerichte und Knödel nicht wie selbstverständlich nebeneinander stehen. Hauptsache, es schmeckt! Südtirol hat eine Vielzahl von Küchenchefs und Gastronomen hervorgebracht, die weit über die Grenzen hinaus bekannt sind.

Die traditionelle Südtiroler Küche setzt sich aus einfachen und heimischen Zutaten zusammen. Bei den Vorspeisen überwiegen Suppen mit den unterschiedlichsten Einlagen: Knödel mit und ohne Speck, mit Pilzen, Käse, Leber oder aus Schwarzplent (Buchweizen) sowie Milzschnitten, Griesnocken oder Frittaten. Zu den Vorspeisen-Spezialitäten gehören die verschiedensten Nocken mit Spinat oder Wildkräutern bzw. die Schlutzkrapfen. Die gekochten oder gebratenen Fleisch- und Wildgerichte werden mit Beilagen wie Polenta, Erdäpfeln, Knödeln oder Kraut serviert. Bei den Nachspeisen macht sich noch die Tradition aus der k. u. k. Zeit bemerkbar, wenn z. B. Apfelstrudel, Marillen- oder Zwetschkenknödel sowie Omeletts und Kaiserschmarrn aufgetischt werden. Normalerweise werden warme Speisen nur mittags und abends serviert – dass in vielen Ausflugsgasthäusern dennoch durchgehend warme Gerichte auf der Karte stehen, ist ein Zugeständnis an die vielen Wanderer. In touristisch weniger erschlossenen Gebieten gibt es am Nachmittag mitunter aber nur eine einfache Marende.

Der Rebenanbau hat in Südtirol eine lange Tradition und die meisten Weinkarten lassen kaum noch Wünsche offen. Zu den bekanntesten Südtiroler Weinen zählen unter den Roten der Kalterer, der St. Magdalener und der Lagrein, unter den Weißweinen der Weißburgunder, der Chardonnay und der Gewürztraminer.

GLOSSAR

Zum besseren Verständnis der Speisekarten sind hier einige typische Südtiroler Gerichte und Begriffe erklärt.

Bauernbratl Eintopf, Schweinebraten mit Kartoffeln

Bockernes Ähnlich dem Schöpsernen, aber vom jungen Geißbock

Buschenschänke Die Tradition der Buschenschänke geht auf das Mittelalter zurück, als den Bauern zugestanden wurde, den eigenen Wein aufzuschenken. Heute werden meist traditionelle Gerichte angeboten. Buschenschänken dürfen nur sechs Monate im Jahr offen halten.

Erdäpfel Kartoffel

Erdäpfelblattln Gebackenes aus Kartoffelteig

Gerstsuppe Suppe aus Gerste, Gemüse und Selchfleischstücken

Graukasnocken Nocken mit kräftigem Magerkäse, dem sogenannten Graukas

Gröstl Ein Eintopf aus Bratkartoffeln und gekochtem Rindfleisch

Hauswurst Frische, gekochte Schweinewurst; klassisches Törggelegericht

Hofschenke Hofschankbetrieb, in dem Produkte aus Eigenbau aufgetischt werden, gibt es auch in Gebieten, wo kein Wein angebaut wird.

Kaminwurz Luftgetrocknete und leicht geräucherte, dünne Trockenwurst, die bei keiner Brettljause fehlen darf.

Keschtn Kastanien (gebratene), die Edel- oder Esskastanien, in Österreich und Bayern Maroni genannt.

Kiachl oder Knieküchel Kreisförmiges Hefegebäck mit einer Vertiefung in der Mitte, die nach dem Backen mit Marmelade gefüllt wird

Knödel Faustgroße gekochte Klöße, deren Hauptbestandteile Semmeln, Speck, Eier, Milch und Mehl sind. Statt Speck werden oft auch Käse, Spinat und Pilze beigemengt.

Krapfen Je nach Gegend rauten- oder halbmondförmiges Teiggebäck, das mit Mohn, Birnen- oder Preiselbeermarmelade, Aniszucker o. Ä. gefüllt wird

Marille Aprikose

Milzschnitten Suppeneinlage, bei der Weißbrot mit Milz bestrichen, geschichtet, gebacken und dann geschnitten wird.

Mus Früher das Volksgericht der armen Leute; es wird aus weißem, fein gemahlenem Maismehl gekocht; es gibt auch Gries- oder Schwarzplenten-Mus.

Nuier	Neuer, meist noch gärungstrüber Wein
Omelett	Eierkuchen, Pfannkuchen
Ossobuco	Scheiben von der Kalbsstelze, also dem quer geschnittenen Markknochen der Stelze
Polenta	Maisbrei; wird als Beilage zu Pilzen, Braten oder Gulasch gereicht
Ribisel	Johannisbeeren
Ribl	Krümelig gebratener Mais- oder Buchweizenbrei, oft werden auch Kartoffeln beigemischt
Rindsgeselchtes	Geräuchertes Rindfleisch
Rohnen	Rote Bete
Schlutzer/ Schlutzkrapfen	Mit Spinat gefüllte, halbmondförmige Teigtaschen, serviert mit zerlassener Butter und Parmesankäse
Schmarrn	In Stücke gerissenes Omelett, mit Zucker bestreut; beim Kaiserschmarrn werden dem Teig Sultaninen beigegeben.
Schöpsernes	Hammelbraten vom Jungschaf, der am besten im Rohr zubereitet wird. Im Herbst typisches Fleischgericht in den Berggasthäusern.
Schupfnudeln	In Butterbröseln leicht geröstete, fingerdicke, gekochte Nocken aus Kartoffelteig
Schüttelbrot	Der dünnflüssige Brotteig aus Roggenmehl wird nicht gewalkt, sondern auf einem runden Brett geschüttelt; so entstehen dünne, knusprige Fladenbrote, die lange haltbar sind
Schwarzbeeren	Heidelbeeren
Schwarzplent	Buchweizen; das Mehl hat einen nussigen Geschmack und wird deshalb bevorzugt zu Kuchen, aber auch Knödeln verarbeitet.
Selchkarree	Geräuchertes und gepökeltes Rippenstück vom Schwein, „Kassler"
Siaßer	Süßer, unvergorener Traubenmost
Spatzln	Spätzle
Speck	Der Name „Südtiroler Speck" wurde von der EU zum geschützten Markenprodukt erklärt. Er bezeichnet ausreichend gereiftes, leicht geräuchertes Schweinefleisch mit niedrigem Salzgehalt. Selbst gemachter „Bauernspeck" ist heute selten, aber in manchem Landgasthof noch zu finden.
Strauben	Goldgelb gebackene, schneckenförmige, tellergroße Süßspeise
Tirtlan	Mit Sauerkraut, Quark, Spinat oder süß gefüllte und in Schmalz ausgebackene runde Teigtaschen
Topfen	Quark
Törggelen	Der Name kommt von „Torggl", der alten Weinpresse. Heute bezeichnet Törggelen die Verkostung des neuen Weins zu deftigen Schlachtplatten und gebratenen Kastanien.

VINSCHGAU

Von Reschen bis Tschars

Reisende aus dem Norden sind von der weiten, offenen Landschaft am Reschenpass überrascht: Hier liegen der Reschensee mit dem „versunkenen" Kirchturm, dunkle Wälder, grüne Wiesen und Almen. Doch den Vinschgau charakterisieren auch die Kontraste: Steile Bergriesen rahmen das Tal ein, das von der Etsch durchflossen wird. Im Süden ragen die schneebedeckten Gletscher der Ortlergruppe und im Norden die kaum minder hohen Gipfel der Ötztaler Alpen in den Himmel. Im milden Klima des unteren Tal-

abschnitts gedeihen Wein, Obst und Esskastanien, die alpinen Landschaften des oberen Vinschgaus und der Seitentäler sind rau und karg. An den Talausgängen, auf Moränenhügeln und in Hangmulden liegen kleine Dörfer, auf Bergvorsprüngen thronen Burgen, Schlösser und Ruinen von Wehranlagen, die von der langen Geschichte der Gegend zeugen. Wie Grabungsfunde belegen, war der Vinschgau schon in der Bronzezeit Siedlungsgebiet, auch die römische Via Claudia Augusta führte durch das Tal. Entlang jahrhundertealter Bewässerungsgräben, den Waalen, die wie plätschernde Pfade durch die Landschaft führen, sind wunderschöne Wanderwege entstanden.

Am Haidersee

1 GIERNHOF

Der Giernhof liegt in Wiesen gebettet in ruhiger und aussichtsreicher Lage am Nordwestufer des Reschensees auf 1500 m Meereshöhe. Der bereits im 13. Jh. erwähnte Hof wurde 1997 nach einem Brand neu aufgebaut und wird heute als Hofschank geführt. Zur Freude der Kinder tummeln sich am Hof Schafe, Truthähne, Pfauen, Ponys, Esel und ein Hund.

Essen | Trinken

Im Familienbetrieb packen alle mit an. Frau Karin bringt ihre Erfahrung aus dem Gastgewerbe ein, ihre Mutter wiederum sorgt am liebsten für einen herzhaften schöpsernen Braten. Manchmal gibt es Bündnersuppe – Gerste mit geräuchertem Schweinefleisch – sowie auf Bestellung Schlachtplatte oder Erdäpfelblattln mit Kraut. Auch die Krautnocken aus rohen geriebenen Kartoffeln, Eiern, Speck und Vollkornmehl auf Sauerkraut, mit Butterschmalz und Knoblauch abgeschmeckt, sind eine beliebte Spezialität. Nicht zu vergessen der selbst geräucherte Speck, die guten Kuchen, der Strudel und die hausgemachten Säfte.

Unterkunft

Vier Ferienwohnungen laden zu Urlaub auf dem Bauernhof ein.

Wie kommt man hin?

Vom Ort Reschen am Nordufer des gleichnamigen Sees zur Talstation der Schönebenbahn, von dort ist es noch 1 km auf ausgeschilderter Straße bis zum Giernhof.

Giernhof
Fam. Georg Prenner
Giernhof 61
39027 Graun/Reschen
Tel. 0473 420871 oder
340 8643533
info@giernhof.it
www.giernhof.it

Innen 25 Plätze; auf der Terrasse mit Seeblick 40.

Ganzjährig geöffnet außer von Ostern bis Mai und von Allerheiligen bis Weihnachten. Außerhalb der Hauptsaison donnerstags Ruhetag.

Sehens- und Wissenswertes

- Ganz in der Nähe liegt der Weiler Rojen (1973 m): In der am höchsten gelegenen ganzjährig bewohnten Siedlung Südtirols steht ein gotisches, mit Holzschindeln gedecktes Kirchlein, das dem hl. Nikolaus geweiht ist. Die Kirche mit ihren sehenswerten Fresken aus der Meraner Schule des 15. Jh. ist mustergültig restauriert.
- Vom Giernhof hat man einen schönen Blick hinüber zum Kirchturm im Reschensee. Der viel fotografierte Turm ist der letzte Zeuge von Alt-Graun. Um elektrische Energie zu gewinnen, hat man 1949 einen Staudamm aufgeschüttet, die alten Bauernhäuser und die Kirche bis auf den Kirchturm gesprengt und die fruchtbaren Wiesen und Felder überflutet.
- In der Hauskapelle des Giernhofs befindet sich ein barockes Altärchen mit dem Gemälde des hl. Martin, dem das Kirchlein geweiht ist.

Wanderungen

- Den See umrundet ein Rad- und Wanderweg. An der Ostseite folgt er dem Seeufer und verläuft eben, an der Westseite führt er über Wiesen und durch Wald sanft auf und ab. Der Weg ist im Winter geräumt und bietet sich auch für eine leichte Winterwanderung an.
- Der Giernhof liegt nahe der Talstation der Umlaufbahn des Skigebiets Schöneben. Es lohnt der Aufstieg entlang der Pistenschneise zu der auch im Sommer bewirtschafteten Bergstation. Gehzeit 2½ Stunden, 620 Höhenmeter.

2 GASTHOF PLAGÖTT

Der Gasthof Plagött liegt westlich von St. Valentin auf der Haide auf einem sonnigen Geländebalkon in 1627 m Höhe – mit herrlicher Aussicht auf die faszinierende, herbe Vinschger Landschaft mit dem Haidersee und der Malser Haide in der Tiefe und den Ortlergipfeln im Süden. Bereits um die Mitte des 13. Jh. stand hier ein Bauernhof, der dem Hospiz in St. Valentin zinspflichtig war. Das Gasthaus besteht seit den 1980er-Jahren. Im Winter zieht sich die Skipiste von der Haideralm am Haus vorbei – dementsprechend groß ist der Andrang; im Sommer kehren gerne Wanderer ein.

Essen Trinken

Daniel Blaas ist begeisterter Koch. Er hat sich der bodenständigen Tiroler Küche verschrieben und ist Mitinitiator der Vinschger Spezialitätenwochen. Regelmäßig werden Wildwochen veranstaltet, gibt es doch drei Jäger in der Familie, die für „Rohstoff" sorgen. Beliebt ist die Wildplatte mit gemischtem Reh- und Hirschbraten, dazu werden Schupfnudeln gereicht. Köstlich auch das Hirschcarpaccio, marinierte Fleischscheiben mit Parmesankäse und Rucola. Die Mutter bäckt das Roggenfladenbrot. Von ihr stammt auch das Rezept für die Krautnudeln: Nudeln aus Eierspatzlnteig und Sauerkraut werden in der Pfanne geschwenkt und mit geröstetem Zwiebel serviert. Herrlich der Apfelkuchen aus Mürbteig! Die Weinkarte umfasst neben vielen Südtiroler Etiketten auch Weine aus anderen italienischen Provinzen.

Unterkunft

Im Hotel, das sich im Zubau befindet, stehen 32 Betten in komfortablen Zimmern bereit.

Wie kommt man hin?

1,8 km ab St. Valentin auf der Haide auf schmaler, geteerter und ausgeschilderter Straße.

Sehens- und Wissenswertes

- Am Eingang des Zerzertals, das sich vom Haidersee zum Watles und zur Vernungspitze hinzieht, steht auf einem bewaldeten Hügel das einsame Kirchlein St. Martin. Es wurde auf den Resten eines karolingischen Vorgängerbaus um 1715 erbaut. Bei einer Wanderung, die von der Haideralm (2120 m) zur Bruckeralm (1914 m) führt, ist das 150 Höhenmeter unterhalb der Bruckeralm gelegene Kirchlein erreichbar.

Wanderungen

- Von St. Valentin führt eine Wanderung über den Weiler Padöll zum Gasthof Plagött; gute halbe Stunde Fußmarsch, 170 Höhenmeter.
- 2½ Stunden lang, aber leicht ist die Wanderung von der Bergstation (2118 m) der Umlaufbahn Schöneben auf dem Höhenweg (Markierung 14) zur Haideralm (2120 m). Von hier abwärts auf Weg Nr. 9 nach Plagött und weiter nach St. Valentin (1460 m), wo man eine Rückfahrtmöglichkeit organisiert haben sollte.
- Sehr beliebt ist der neu gestaltete, promenadenartige Seeuferweg um den Haidersee: In 1½ Stunden ist das fischreiche, meist mit Fischerbooten gesprenkelte Gewässer zu umrunden.

Gasthof Plagött
Fam. Blaas
Plagött
39020 St. Valentin auf der Haide
Tel./Fax 0473 634663
info@hotel-plagoett.it
www.hotel-plagoett.it

Innen Platz für 40 Personen, im Winter zusätzliche Plätze in der turbulenten Kellerbar; auf der Terrasse vor dem Haus 60 Plätze.

Von Mitte Dezember bis Ostern und von Mitte Juni bis Anfang Oktober geöffnet. Kein Ruhetag.

3 GASTHOF WEISSKUGEL

Zwischen Schluderns und Mals dringt das Matscher Tal zu den Ötztaler Bergriesen vor. In diesem relativ unberührten Hochtal duckt sich der kleine Ort Matsch an den Sonnenhang. Mitten im Dorf liegt der Gasthof Weißkugel. Das Haus wurde nach einem Brand im Jahr 1902 im ortsuntypischen „neuen französischen Renaissancestil" aufgebaut. Gebhard Stecher und seine Frau Helene, die den gemütlichen Dorfgasthof mit Umsicht und Geschick führen, haben ihn in den vergangenen Jahren Zug um Zug renoviert.

Essen | Trinken

Eine große Rolle spielt die typische Vinschger Küche mit Besonderheiten wie z. B. dem Schwarzplenten-Ribl (aus Buchweizenmehl) mit Pfifferlingen. Äußerst empfehlenswert sind das Herrengröstl, die Kasnocken mit Haselnüssen und die hausgemachten Dinkelteigtaschen mit Pilzen (Vorbestellung wird angeraten). Das Wild für die Pfanne wird vom Chef, einem Jägersmann, persönlich organisiert. Der Bergkäse kommt aus der Sennerei in Matsch, die Marmeladen, darunter die köstliche Marillenmarmelade, sind hausgemacht. Auf der Weinkarte sind gute Südtiroler Weine gelistet.

Unterkunft

Übernachtungsmöglichkeit in zwölf modernen und komfortablen Zimmern, 25 Betten.

Wanderungen

- Der Hausberg von Matsch ist nicht, wie man meinen möchte, die Weißkugel im Talschluss (man sieht sie vom Gasthaus aus gar nicht), sondern die Spitzige Lun (2324 m), ein Aussichtsberg ohnegleichen. Ein unschwierige Wanderung (Markierung 13) führt von Matsch (1600 m) in 2½ Stunden auf den Gipfel.
- Ein insgesamt zweistündiger Weg führt auf der Sonnenseite in sanfter Steigung einen Waalweg entlang von Matsch (1600 m) zum Rastilhof (1700 m). Nun auf der wenig befahrenen Talstraße zur Höfegruppe bei Thanai (1824 m). Hier, wo das Tal breiter wird, liegen auch der Glieshof, ein bekanntes Ausflugsgasthaus, und der Parkplatz am Ende der Straße.

Wie kommt man hin?

Etwas südlich von Mals zweigt von der Vinschger Staatsstraße die 7 km lange Straße ins Matscher Tal ab.

Sehens- und Wissenswertes

- Vor Matsch erblickt man auf dem Schlossbühel im Talgrund die Ruinen von Ober- und Untermatsch. Ein Zweig der Grafen von Tarasp aus dem nahen schweizerischen Graubünden siedelte sich im 12. Jh. in Obermatsch an und nannte sich Vögte von Matsch. Nach einer Teilung in zwei Linien wurde die Burg Untermatsch errichtet, im Zuge einer Familienfehde bekriegten sich die Obermatscher und Untermatscher.
  Im 15. Jh. verlegten die Vögte ihren Hauptsitz auf die Churburg bei Schluderns und vernachlässigten die Matscher Burgen. Die Grafen Trapp, die heute ebenso auf der Churburg wohnen, beerbten die Matscher Vögte nach deren Aussterben; die Matscher Burgen gehören ihnen noch heute.

Gasthof Weißkugel
Fam. Stecher
Hauptplatz 10
39024 Matsch
Tel. 0473 842600
Fax 0473 842600
weisskugel.matsch@rolmail.net
www.weisskugel-matsch.com

Zwei Stuben bieten Platz für 80 Personen; auf der kleinen Terrasse vor dem Haus weitere 20 Plätze.

Ganzjährig geöffnet, Montag Ruhetag.

4 RESTAURANT & JAUSENSTATION ZUM DÜRREN AST

Auf einer Aussichtsterrasse oberhalb des Dorfes Prad am Tor zur Bergwelt des Stilfser Jochs liegt das Restaurant und die Jausenstation Zum Dürren Ast (1112 m) der Familie Theiner. Ein mächtiger, verdorrter Baum streckt vor dem ansonsten recht unscheinbaren Haus seine kahlen Äste aus – er hat der Wirtschaft ihren Namen gegeben. Für Kinder stehen ein großer Spielplatz und ein Streichelzoo bereit.

Essen | Trinken

Klaus Theiner war Metzger und ist ausgebildeter Koch, der sein Handwerk in guten Häusern erlernt hat. Das merkt man der Speisekarte an: selbst gebackenes Brot, selbst gemachte Hirsch-Kaminwurzen, Bündnerfleisch vom Hirsch, hausgemachte Teigwaren wie Tagliatelle und Ravioli, traditionelle Gerichte wie Ribl, Lamm-Eintopf, Hirschgulasch. Das Getreide wird beim Bauern gekauft, selbst gemahlen und als Vollkornmehl verwendet. Eine große Auswahl an Kuchen und Käsesorten rundet das Angebot ab. Auf der Weinkarte steht eine beachtliche Anzahl von sorgfältig ausgewählten Weinen aus Südtirol (meist aus dem Vinschgau) und aus dem restlichen Italien. Stattlich ist auch die Palette an Edelbränden, darunter gleich mehrere der begehrten „Marilleler" (Marillenbrand). Im Sommer wird im Freien gegrillt. Kinder erfreuen sich an einer eigenen Speisekarte.

Wie kommt man hin?

2 km mit dem Auto ab Prad (902 m) oder zu Fuß in einer halben Stunde auf markiertem Wiesensteig (Nr. 1). Ein Spazierweg führt auch von der „Schmelz" am Eingang des Stilfser Tals zum Dürren Ast.

Sehens- und Wissenswertes

- Eine Attraktion ersten Ranges ist das Nationalparkhaus Aquaprad in Prad mit seinen 14 Aquarien, dem breiten Veranstaltungsprogramm und den Kindernachmittagen. Es zeigt in anschaulicher Weise das Leben in den heimischen Gewässern sowie die Besonderheiten der Landschaft der Nationalparkregion Stilfser Joch. Ganzjährig geöffnet, Montag Ruhetag, Infos: Tel. 0473 618212, www.aquaprad.com
- Am Niggbach in der Nähe von Prad wurde eine Wassertretanlage eingerichtet. Der Weg ist ab Prad ausgeschildert, freier Zugang. An der Anlage nimmt ein Gehölzelehrpfad seinen Anfang: 52 heimische Bäume und Sträucher sind beschildert. Der Spaziergang auf dem Rundweg (Markierung Nr. 4) dauert ca. 1½ Stunden.

Wanderungen

- Eine Rundwanderung verläuft von Prad (902 m) mit mäßiger Steigung über Gargitz zum Patzleidhof (1070 m). Hier stößt der Weg auf den Steig, der auf der Trasse des verrohrten Agumser Bergwaals eben zur Stilfser Brücke und zum Suldenbach führt. Nach der Überquerung der Stilfser-Joch-Straße beginnt eine Forststraße, von der nach etwa 400 m an der linken Seite ein rotweiß markierter Steig abzweigt. Ihm entlang geht es fast eben, durch schonen Wald zum Dürren Ast (1112 m).

Restaurant & Jausenstation Zum Dürren Ast
Fam. Theiner
39026 Prad am Stilfser Joch
Tel./Fax 0473 616638

Drinnen 30 Plätze; auf der Gartenterrasse mit Windfang und Markise 80.

Von Ostern bis November geöffnet. Außer im August freitags Ruhetag. Mittags und abends warme Küche, am Nachmittag kleine Karte, Brettljausen und Kuchen.

5 YAK & YETI

Sulden auf 1900 m Meereshöhe ist eine der höchst gelegenen Ortschaften Südtirols. Umgeben von fast 4000 m hohen Bergriesen erinnert es ein wenig an die Landschaft des Himalaja. Vor

dieser Kulisse hat Reinhold Messner einen jahrhundertealten Bauernhof zu einem gemütlichen Berggasthaus umgestaltet und es der Familie Platter anvertraut. Die vielen wertvollen Sammlerstücke aus Tibet harmonieren ausgezeichnet mit der bäuerlichen Ausstattung der holzgetäfelten Gaststuben, die sich auf zwei Stockwerke verteilen.

Essen | Trinken

Für die traditionell tirolerisch-gutbürgerlich gestaltete Speisekarte mit Abstechern in die tibetanische Küche sorgt Frau Gaby, wobei sie Yakfleisch aus eigener Zucht einsetzt.

Wie kommt man hin?

Von Prad auf die Stilfer-Joch-Straße; dann nach Sulden abbiegen.

Wanderungen

- Um den Fischteich Suldner Weiher wurde ein bequemer Spazierweg (Gehzeit 20 Minuten) angelegt, am Ufer können Grillstellen benutzt werden.
- Der Nationalpark Stilfser Joch ist mit 134.620 ha der größte italienische Nationalpark und schützt die Natur dieser grandiosen Hochgebirgslandschaft. Es werden Wanderungen mit professionellen Führern angeboten, Infos: Tel. 0473 830430.
- Ein Panoramaweg (Markierung 7) beginnt am Hotel Eller in Sulden (1844 m) und führt am alten Kirchlein vorbei oberhalb des Suldenbachs bis zum Parkplatz (1911 m) an der Sulden-Seilbahn und zur Kneippanlage Bärenbad mit Brunnen, Tischen und Bänken. Gehzeit etwa 45 Minuten.

Yak & Yeti
Fam. Platter
Sulden 55
39020 Stilfs
Tel./Fax 0473 613266
yak&yeti@pns.it

Innen Platz für 30 Personen, außen einige wenige Plätze an der schützenden Hauswand.

Von Ende November bis Anfang Mai und von Pfingsten bis Anfang Oktober von 11 bis 23 Uhr geöffnet. Am Abend Reservierung erwünscht. Dienstag Ruhetag.

Sehens- und Wissenswertes

- Bis zu 20 der genügsamen Yaks und etliche Lamas werden im Stall und auf dem Freigelände beim Haus gehalten. Die Tiere sind ein beliebtes Fotomotiv. Im Sommer halten sie sich auf den Almen in der Nähe der Madritschhütte auf.
- Wer von der Talstation (1911 m) der Sulden-Seilbahn auf dem H.-Ertl-Weg zur Mittelstation (2205 m) wandert, kommt an der Urlärche vorbei, einem umgestürzten Baumstamm, der 1998 von Wanderern entdeckt wurde. Untersuchungen zufolge wuchs die Lärche von 400 v. Chr. bis 840 n. Chr. hier auf 2300 m Höhe und wurde dann während einer Kälteperiode vom Suldengletscher begraben.
- Neben dem Buschenschank Yak & Yeti steht das Messner Mountain Museum Ortles von Reinhold Messner. Es behandelt das Thema Eiswelten auf einer unterirdischen Fläche von 300 m^2. Von Juni bis Mitte Oktober und von Weihnachten bis Anfang Mai außer dienstags von 14 bis 18 Uhr geöffnet.
- 1822 als Militärstraße erbaut, zählt die Stilfser-Joch-Straße noch heute zu den eindrucksvollsten Bergstraßen des Alpengebiets. Auf Südtiroler Seite wird eine Höhendifferenz von 1870 m mit 48 Spitzkehren überwunden. Hinter dem Pass (2760 m) gabelt sich die Straße und führt ins Valtellina oder über den Umbrailpass ins schweizerische Santa Maria und über Taufers im Münstertal in den Vinschgau zurück.

6 GASTHAUS SONNECK

In Allitz, östlich von Laas, liegt auf der Sonnenseite des oberen Vinschgaus inmitten von Apfelanlagen und Wiesen auf 1120 m – weitab von größeren Siedlungen und verkehrsreichen Straßen – ein kleines, aber feines Gasthaus: Sonneck.

Essen Trinken

Herbert Thanei ist mit Leib und Seele Koch. Auf der Speisekarte stehen italienische und verfeinerte Tiroler Gerichte, wobei vorwiegend einheimische Produkte verwendet werden. Auch so Einfaches wie die Vinschger Brotsuppe findet sich auf der Karte. Die Nudelgerichte sind immer hausgemacht, ein Tipp sind die Rohnenschlutzer. Je nach Jahreszeit gibt es Lamm (aus dem Rohr) und Wild, beliebt ist dabei das Hirschcarpaccio oder der gemischte Hirschteller. Zum Schluss werden die Gäste mit süßen Topfenknödeln und Pflaumenmus, mit Zwetschken- oder Marillenknödeln verwöhnt. Die Weinkarte bietet eine gute Auswahl an Weinen aus Südtirol, der Toskana und dem Piemont. Mittlere Preislage, jedenfalls dem guten Niveau angemessen.

Wie kommt man hin?

Bei Laas biegt man von der Staatsstraße Richtung Allitz ab und erreicht nach 2 km über eine kleine Brücke das Gasthaus Sonneck.

Gasthaus Sonneck
Fam. Thanei
Allitz 11
39023 Laas
Tel. 0473 626589
www.gasthaus-sonneck.it

70 Plätze im Wintergarten und im Gastraum, weitere 30 im Obergeschoss (ideal für Familienfeiern) und nochmals 30 auf der breiten Sonnenterrasse.

Von Mitte Januar bis Mitte März geschlossen. Mittags und abends warme Küche. Wenn der Wirt am Nachmittag im Haus ist, gibt es auch um diese Zeit kleine warme Gerichte, auf jeden Fall eine Marende oder Kuchen. Dienstag Ruhetag.

Sehens- und Wissenswertes

- In der Nähe von Laas, unterhalb der Vinschgauer Straße, liegt auf einem mit einer Ringmauer umgebenen, bewaldeten Hügel die kleine, aus dem 10. Jh. stammende Kirche zum hl. Sisinius mit ihrem einfachen, frühromanischen Turm.
- In Laas wird hochwertiger, reinweißer Marmor gebrochen und in alle Welt verkauft. Der wertvolle Stein ist auch im Ortsbild allgegenwärtig, sogar die Gehsteige sind mit Marmor gepflastert.
- Seit 1988 steht auf dem Dorfplatz ein Denkmal mit einer wechselvollen Geschichte: 1915 hatte man bei einem hiesigen Bildhauer eine Büste des Kaisers Franz Josef in Auftrag gegeben, aber nach dem verlorenen Krieg, dem Tod des Kaisers und dem Anschluss Südtirols an Italien holte niemand das marmorne Blaublut ab. Rund 70 Jahre überdauerte die Büste wenig standesgemäß in einem Schafstall, bis man sich ihrer erbarmte.

Wanderungen

- Auf der Vinschgauer Sonnenseite führen bequeme Wanderwege den Berghang entlang: In einer knappen Stunde geht es beispielsweise von Kortsch (850 m) zum Sonneck (1120 m) oder auf Weg Nr. 23 von Allitz (1109 m) nach Tanas (1454 m), mit einer herrlichen Aussicht auf das Tal und die gegenüberliegenden Fels- und Eisriesen der Laaser Ortlergruppe, auf den Hohen Angelus, das Hasenöhrl und bis weit ins Laaser Tal hinein.

7 GASTHAUS STALLWIES

Der höchste, ganzjährig bewohnte und bewirtschaftete Marteller Hof, der Stallwieser, liegt auf 1953 m. Der rund 600 Jahre alte Bauernhof wurde zu einer gut besuchten Gastwirtschaft ausgebaut. Für Kinder ein Paradies mit Kinderspielplatz, Ententeich und Streichelzoo. Im Winter nutzen die Skitourengeher und im Sommer die Wanderer das Berggasthaus als Tourenstützpunkt. Von der Terrasse blickt man auf die zum Greifen nahen Dreitausender der Cevedalegruppe.

Essen | Trinken

Seit über 300 Jahren schon gehört der Hof den Strickers. Die gesamte Familie ist im Einsatz: Die Mutter und Sohn Oswald – ein ausgebildeter Koch – stehen in der Küche und sind für die herzhafte Tiroler Hausmannskost, manchmal mit italienischer Note, verantwortlich. Vater Stricker kümmert sich nicht nur um die Landwirtschaft, sondern mit Sohn Peter auch um den Service. Spezialitäten des Hauses sind die selbst gemachten Kaminwurzen, das Bündnerfleisch, der schöpserne Braten, die Kartoffelteigtaschen mit Bergkäsefüllung, die Spinat- und Käsenocken, die Leber- und Speckknödel und im Sommer die Süßspeisen mit Erdbeeren und Himbeeren aus dem Tal. Als Weine werden Spezialitäten aus dem Vinschgau angeboten, zur Verdauung helfen angesetzte Edelraute (Genepì) und Zirbelkiefer (Zirmschnaps).

Unterkunft

15 Betten in einfach ausgestatteten Zimmern. Mittlere Preislage.

Gasthaus Stallwies
Fam. Stricker
Waldberg 1
39020 Martell
Tel./Fax 0473 744552
stallwies@dnet.it
www.stallwies.com

In drei rustikalen Stuben 40 Plätze, auf der Sonnenterrasse 50.

Ganzjährig geöffnet, nur von Anfang November bis zum 25. Dezember geschlossen. Donnerstag Ruhetag, außer von Mitte Juni bis Mitte September.

Wie kommt man hin?

Der Hof ist über eine 7,5 km lange, etwas abenteuerliche Zufahrt ab Martell zu erreichen. Dabei sind über 600 Höhenmeter zu überwinden. Zu Fuß braucht man auf dem Weg Nr. 5, der am Gasthaus Waldheim an der Marteller Talstraße beginnt, ca. 45 Minuten, 400 Höhenmeter.

Sehens- und Wissenswertes

- Im Talschluss von Martell steht die Ruine des Grandhotels Paradiso, ein Beispiel für die moderne Hotelarchitektur der 1930er-Jahre. Seit vielen Jahrzehnten ist der rostrote Bau von Gio Ponti rettungslos dem Verfall preisgegeben.
- Das Nationalparkhaus „Culturamartell" an der Hauptstraße von Martell im Bereich der Freizeitanlage Trattla dokumentiert anschaulich und unterhaltsam die Kultur der Bergbauern einst und heute. Im Sommer montags geschlossen, im Winter reduzierte Öffnungszeiten. Infos: Tel. 0473 745027, www.culturamartell.com

Wanderungen

- Eine Rundwanderung bringt einen vom Stallwieser auf breiter Forststraße mit wenig Steigung zum Wiesboden. Der Rückweg führt wieder am Suchbühel (2031 m; tolle Aussicht) vorbei, aufwärts bis zum Weg Nr. 23, der sich bald absenkt und auf Weg Nr. 5 trifft; auf diesem zurück. Gehzeit ca. 2½ – 3 Stunden, 180 Höhenmeter.
- Im Rücken des Stallwiesers erhebt sich die 3304 m hohe Orgel- oder Laaser Spitze. Sie kann mit gutem Schuhwerk und der notigen Kondition problemlos in 3–4 Stunden erklommen werden. Der Aufstieg mit Skiern und Steigfellen zählt im Frühjahr zu den beliebtesten Firntouren.

8 BIERKELLER LATSCH

Der Bierkeller im Südwesten von Latsch ist vor allem im Sommer ein gern besuchtes Ausflugslokal. Er liegt in 695 m Höhe am Rande ausgedehnter Obstanlagen am Fuße des Vinschgauer Nördersbergs, also auf der bewaldeten Schattenseite direkt am Marein-Waalweg, der sich von Martell nach Latsch zieht. Zusammen mit dem Biergarten hat die Wirtschaft eine über hundertjährige Tradition und stammt somit aus einer Zeit, in der Touristen noch eine Rarität waren.

Essen | Trinken

1872 wurde mit großem Aufwand ein Keller in den Felsen gesprengt; der Luftzug aus den Felsspalten hielt das Bier kühl. Auf dem nahen Hügel war ein Schießstand aufgebaut, dorthin ließ der findige Erbauer eine kleine Seilbahn errichten, mit der die Bierkrüge zu den Tischen geliefert wurden. Die Chronik vermerkt: „Sechs bis acht Krügeln Bier rollten in zwei Minuten an Ort und Stelle an." Heute gibt es diese Bierseilbahn nicht mehr, das gut gekühlte Fassbier aus der Zapfanlage ist aber immer noch beliebt. Dazu servieren der Rinner Toni und seine Frau Liesi mit ihrer Mannschaft herzhafte Tiroler Kost wie Knödel mit Gulasch oder Krautsalat, Brettl-Marenden mit Speck, Wurst und Käse. Der Hit sind Schweinshaxen, Rippchen und Grillhähnchen vom Holzgrill. Zur Törggele-Zeit kommen gebratene Kastanien und Schlachtplatten auf den Tisch. Die Biker, die den nahe gelegenen Vinschger Radweg nutzen, verspeisen gern Nudelgerichte und Salatteller.

Wie kommt man hin?

Die 2 km lange Straße über die Sportzone Latsch endet hier; der Verkehr hält sich in Grenzen. Ein großer Parkplatz ist vorhanden.

Sehens- und Wissenswertes

- In der Nähe von Schloss Montani am Eingang ins Martelltal steht die Burgkapelle zum hl. Stefan. Sie zählt zu den sehenswertesten Sakralbauten Südtirols und enthält Fresken der lombardischen, bayerischen und niederländischen Schule aus dem 15. Jh. Besichtigung nach Voranmeldung möglich: Tel. 0473 742344 (Familie Peer).
- An der alten Dorfstraße von Latsch steht die gotische Spitalkirche zum Hl. Geist mit bemerkenswerten Fresken und einem kostbaren, von Meister Jörg Lederer geschnitzten und bemalten Altar aus der Zeit um 1524. Infos: Tourismusbüro, Tel. 0473 737030

Wanderungen

- Der leichte Rundweg von Morter (750 m) auf Weg 5 über die Ruine Obermontani zum Bierkeller und der Rückweg auf dem fast ebenen und schattigen Marein-Waalweg (Markierung Nr. 5) ist in 1½ Stunden zu schaffen; 140 Höhenmeter.
- Ein etwas längerer Wanderweg führt von Latsch (638 m) Richtung Latscher Hof zum Einstieg des Trimm-dich-Pfads, diesem entlang zum Festplatz und oberhalb der Eishalle vorbei zum Bierkeller, Rückweg über den Marein-Waalweg. Gehzeit 1½ Stunden, 60 Höhenmeter.

Bierkeller Latsch
Fam. Rinner
Valtneid 2
39021 Latsch
Tel./Fax 0473 623208
mail@bierkeller-latsch.com
www.bierkeller-latsch.com

Drinnen 120 Plätze, ebenfalls 120 draußen an rustikalen Tischen; das Lokal ist somit auch für einen größeren Ansturm gerüstet.

Von März bis November von 10 bis 24 Uhr durchgehend geöffnet, ab Allerheiligen bis Weihnachten nur an den Wochenenden. Montag Ruhetag.

lick von Breiteben auf
t. Leonhard in Passeier

MERAN UND UMGEBUNG

Schnalstal, Naturns, Passeiertal, Ultental, Vöran

„Wo der Adel gebaut hat, kann man sich getrost niederlassen. Ritter und Mönche haben immer gewusst, wo die Welt am schönsten ist.“ Dieser Ausspruch von Kurt Tucholsky gilt uneingeschränkt für Meran und seine Umgebung. Die Schönheit der Landschaft zieht die Menschen seit Jahrhunderten in ihren Bann. Die Berge treten hier etwas mehr zurück: Sie scheinen der Stadt Meran mit ihrem mediterranen Klima und ihrer üppigen Vegetation Platz zu lassen und sie trotzdem zu beschützen. Dunkle Zedern und Zypressen überragen die Parks und Promenaden im Stadtgebiet, die Hangterrassen sind mit Dörfern, Weilern, Höfen und Burgen besiedelt und mit Weinbergen und Obstgärten überzogen. Seit dem Besuch der österreichischen Kaiserin Elisabeth, genannt Sissi, 1870 in Meran war der Aufstieg zur Tourismushochburg nicht mehr aufzuhalten. Noch heute gilt die Stadt als bedeutendster Kurort an der Südseite der Ostalpen. Der botanische Garten von Schloss Trauttmansdorff, die neu gestalteten Thermen, die Meraner Musikwochen und das Weinfestival im Herbst spiegeln die jüngsten Initiativen der Stadt, um diese Attraktivität zu erhalten. Abseits vom Touristenrummel gibt es aber noch immer stille, erholsame Plätze, so im Mittelgebirge von Tisens, im abgeschiedenen Ultental, im ursprünglichen Passeiertal oder auf den Höhen um Hafling und Vöran.

9 SCHLOSSWIRT JUVAL

Auf dem Schlosshügel von Juval am Eingang des Schnalstals hat Reinhold Messner – Weltenbummler, Extrembergsteiger, Buchautor und Museumskurator – das Renaissanceschloss restauriert und umgebaut. Entstanden ist ein Ensemble aus Schlossmuseum, Weingut, Bauernhof, stilvollem Gasthaus und Buschenschank.

Essen | Trinken

Monika Fieg, erfahrene Gastwirtin und gelernte Köchin, hat sich mit ganzem Herzen der einfachen und bodenständigen Bauern- und Vinschger Küche verschrieben. Die Wanderer, die am Waalweg vorbeikommen, essen gerne die Nudel- und Tellergerichte. Als Spezialität taucht so mach altes, neu interpretiertes Vinschger Rezept auf wie etwa die Schneemilch, eine süße Nachspeise aus Milch, Sahne, Weißbrot, Pinienkernen, Rosinen und Zimt, mit einer karamellisierten Orangensauce. Hausgemacht sind auch der Speck sowie die Schweins- und Schafssalami. Den Almkäse liefern Vinschger Bauern. Außerdem werden Destillate und Spitzenweine vom nahen Unterortlhof angeboten, hervorzuheben sind der Blauburgunder und der Riesling. Jenseits des Gaumenschmauses noch zu erwähnen: die tibetische Yao-Bildergalerie, eine Sammlung von Bildern zum tibetischen Götterparlament, die im Mansardensaal hängt.

Unterkunft

Drei komfortable Ferienwohnungen stehen zur Verfügung.

Wie kommt man hin?

Zufahrt auf der 2,5 km langen Straße (ab Staben) nur für Hausgäste und nur nach Reservierung; Shuttle-Bus täglich ab 9.30 Uhr außer mittwochs mit Abfahrt vom Parkplatz beim Schnalser Hof. Oder Abholdienst: Schupfer Tours, Naturns, Tel. 0473 668058.

Schlosswirt Juval
Fam. Schölzhorn
39020 Kastelbell-Tschars
Tel./Fax 0473 668056
oder 333 6177777
info@schlosswirtjuval.it
www.schlosswirtjuval.it

Drinnen 90 Plätze, an Tischen unter Bäumen und hinter dem Haus 40. Der Saal und die Stube eignen sich auch für Feiern, Meetings und Präsentationen.

Von März bis Ende November geöffnet, Sonntag bis Dienstag 10–19 Uhr, Donnerstag bis Samstag 10–24 Uhr, Mittwoch Ruhetag. Mittags und abends warme Küche, nachmittags Kuchen und zünftige Brettljausen

Sehens- und Wissenswertes

- Messner-Mountain-Museum im Schloss Juval (Infos: Tel. 348 4433871, www.messner-mountain-museum.it): Zu sehen sind eine umfangreiche Tibetika-Sammlung, eine Bergbildgalerie und eine Maskensammlung. Von Ostern bis Anfang November täglich von 10 bis 16 Uhr außer mittwochs geöffnet, im Juli und August geschlossen.
- Beim Schlosswirt und auf dem Biohof Oberortl weiden heimische und exotische Tiere wie Wollschweine und Lamas.
- Um den Burghügel führt ein botanischer Rundwanderweg mit kurzen Erläuterungen auf Schildern zu den für diesen sonnigen und trockenen Standort typischen Pflanzen.

Wanderungen

- Eine wunderschöne, leichte, eineinhalbstündige Wanderung beginnt in Tschars (650 m) und zieht sich am Vinschgauer Sonnenberg den alten Waal entlang über die verschiedensten Vegetationsstufen zum Schloss Juval (952 m). Wer möchte, kann von Juval aus auf dem Waalweg nach Altrateis im Schnalstal wandern (1½ Stunden; Rückkehr mit dem Bus).

10 GASTHOF JÄGERRAST

Vom Schnalstal zweigt kurz vor Karthaus das enge, von hohen Bergen umrahmte Pfossental ab. Der Bauernhof Vorderkaser und nebenbei der Gasthof Jägerrast liegen am Ende der Talstraße. Dem steilen Gelände wurden Wiesen und Felder abgerungen, das Bauernleben ist hier auf 1700 m hart; da wird das Einkommen des mit Umsicht geführten Gasthofs gebraucht. Richard Kofler ist im Hauptberuf Bauer, seine Frau Erika steht in der Küche und hilft im Service.

Essen | Trinken

Die Milch wird zur Gänze selbst verarbeitet, u. a. zu verschiedenen Käsesorten, die im Gasthaus zur „Vorderkaser Käseplatte" zusammengestellt oder an die Passanten verkauft werden. Auch der Speck und die Kaminwurzen sind hausgemacht, ebenso die Hauswürste. Die kommen, einmal frisch zubereitet, in die Kühltruhe und stehen dann das ganze Jahr zur Verfügung. Die Speisekarte ist an die deutschen Gäste, die zur Hauptkundschaft zählen, angepasst. Natürlich gibt es auch einen schöpsernen Braten und vielerlei Knödel. Als Nachtisch stehen nicht nur Apfel-, sondern auch Mohn- und Topfenstrudel zur Auswahl. Zur Verdauung hilft der selbst angesetzte Kräuterschnaps (solange der Vorrat reicht). Den Wein liefert vorwiegend die Kellereigenossenschaft St. Pauls/Eppan.

Unterkunft

Es gibt sieben einfache Doppelzimmer.

Wie kommt man hin?

Von der Schnalstaler Straße kurz vor Karthaus ab ins Pfossental; 5 km lange, schmale Straße bis zum Haus.

Sehens- und Wissenswertes

- Im Schnalstal stehen noch uralte, mit Schindeln gedeckte und aus Holzbalken gezimmerte Bauernhäuser. Auch der Gasthof Jägerrast, der im 13. Jh. erstmals erwähnt wurde, dokumentiert noch in Teilen dieses Kulturgut.
- Ötzi, der berühmte Mann aus dem Eis, hatte im Schnalstal seinen Lebensraum. In Unser Frau wurde mit dem Archeo-Parc ein Erlebnismuseum mit Freigelände errichtet, das veranschaulicht, wie zu Ötzis Zeiten die Menschen lebten. Besonders für Kinder und Jugendliche geben die laufend wechselnden Mitmachaktionen die Möglichkeit zur erlebten Geschichte. Da wird getöpfert, mit Feuerstein gearbeitet, Pfeil und Bogen gebastelt oder Korn gemahlen und Brot gebacken. Tel. 0473 676020, www.archeoparc.it
- In der Abgeschiedenheit des Schnalser Hochtals gründeten Kartäusermönche ein Kloster. 1782 wurde die Anlage aufgelassen, die Bauern nahmen von den leer stehenden Gebäuden Besitz. Nach einem Brand 1924 wurde das Dorf wieder aufgebaut. Heute sind in Karthaus noch Bauteile des ehemaligen Klosters erkennbar, darunter Teile der Ringmauern, des Kreuzgangs und der Mönchszellen. Infos: Tourismusbüro Schnals, Tel. 0473 679148

Wanderungen

- Der Almerlebnisweg im Naturpark Texelgruppe bringt Besuchern mittels Schautafeln die einzigartige Natur- und Kulturlandschaft des Pfossentals näher. Vom Gasthof Jägerrast (1693 m) führt ein breiter Weg in 1½ Stunden über die Almen Mitterkaser und Rableid (2004 m) zum 5 km taleinwärts liegenden Gasthaus Eishof (2071 m). Dann steigt der Weg zum Eisjöchl (2895 m), dem höchsten Punkt, an und senkt sich dort über die Stettiner Hütte (2675 m) ins Pfelderer- bzw. Passeiertal ab. Gehzeit bis zur Stettiner Hütte: 3 Stunden.

Gasthof Jägerrast
Fam. Kofler
Pfossental
39020 Schnals
Tel./Fax 0473 679230
gasthof.jaegerrast@rolmail.net
www.jaegerrast.com

In zwei Stuben 50 Plätze, weitere 50 vor dem Haus.

Von Ostern bis Allerheiligen geöffnet, dann bis Mitte Dezember nur an den Wochenenden. Kein Ruhetag.

11 PATLEIDHOF

Hoch oberhalb von Naturns, am Vinschger Sonnenberg auf 1386 m, haben die Bauern vom Patleidhof der Natur Wiesen und Felder abgerungen. Neben dem denkmalgeschützten alten Bauernhaus wurde ein neues, einladendes Wohn- und Gästehaus errichtet. Von der großzügigen Aussichtsterrasse bietet sich ein unwahrscheinlicher Ausblick auf das Tal und die gegenüberliegenden Bergketten.

Essen Trinken

Das Angebot der Küche umfasst einfache Tiroler Hausmannskost. Die Grundprodukte wie Lamm-, Rind- und Schweinefleisch stammen vom eigenen Bauernhof. An Sonn- und Feiertagen wird immer Lammbraten (Schöpsernes) aufgetischt, als Beilage dazu Knödel und Salate. Oft gibt's auch Wildgerichte oder Rindsbraten, im Herbst und Winter Schweinernes (Selchkarree), Hauswürste und Sauerkraut. Der offene Schankwein stammt von einem Vinschger Bauern, aber auch etliche andere Südtiroler Flaschenweine stehen im Keller. Holunder-, Himbeer- und Johannisbeersaft sind hausgemacht. Auch der Speck wird selbst geselcht, wie ein Blick in die Selchküche im alten Haus belegt. Wer Süßes mag, hält sich an den Mohnstrudel oder den Rotweinkuchen.

Unterkunft

Vier Doppelzimmer; im alten Haus gibt es etliche Schlafplätze für Wanderer, die den Meraner Höhenweg begehen, der unweit des Hauses vorbeiführt.

Wie kommt man hin?

8 km ab dem Dorfzentrum von Naturns oder mit der Seilbahn „Sonnenberg" von Naturns bis Unterstell und von dort 15 Minuten Aufstieg zum Haus.

Sehens- und Wissenswertes

- Die St.-Prokulus-Kirche bei Naturns zählt wegen ihrer vorkarolingischen Fresken – den ältesten des deutschen Sprachraums aus der Zeit um 800 – zu den bedeutendsten kunsthistorischen Sehenswürdigkeiten Südtirols. Bekannt ist die Darstellung des hl. Prokulus, der auf einer Schaukel über die Stadtmauer hinuntergelassen wird. Das Kirchlein samt dazugehörendem Museum steht an der südlichen Dorfeinfahrt von Naturns. Infos: Tourismusbüro Naturns, Tel. 0473 666077
- Zwischen Rabland und Naturns liegt das Dörfchen Plaus. Vom Vinschger Künstler Luis Stefan Stecher stammen die Totentanz-Szenen an der Friedhofsmauer. Im „Plauser Totentanz" versammelt der zeitgenössische Künstler bäuerliche Mentalität, Vinschger Geschichte – und Lebensfreude.

Wanderungen

- Trotz der Steilheit des Geländes lässt es sich am Sonnenberg ohne besondere Anstrengung herrlich wandern. Ein lohnender Weg (Markierung 10A, 24, 10, über weite Teile mit dem Meraner Höhenweg identisch) führt von Katharinaberg (1245 m) im Schnalstal, das mit dem öffentlichen Bus erreichbar ist, den Hang entlang über den Dickhof (gute Einkehr; 1709 m) nach Patleid (1386 m). Für den Rückweg ins Tal gibt es zwei Möglichkeiten: Mit der Seilbahn ab Unterstell oder zu Fuß über den malerischen alten Plattenweg nach Naturns (530 m).

Patleidhof
Fam. Oberhofer
Sonnenberg 47
39025 Naturns
Tel. 0473 667767
info@patleidhof.it
www.patleidhof.it

Zwei Stuben bieten Platz für 40 Personen, ebenfalls 40 finden auf der breiten Terrasse unter den Sonnenschirmen Platz.

Ganzjährig geöffnet, nur in der Weihnachtszeit geschlossen. Montag Ruhetag.

12 GASTHAUS OBERLECHNER

Im Nordwesten Merans recken sich die Bergspitzen der Texelgruppe bis in über 3000 m Höhe. An einer etwas weniger abschüssigen Stelle liegt Vellau (900 m). Neben der Kirche duckt sich das Gasthaus Oberlechner an den Hang, eine gern besuchte, gemütliche Gastwirtschaft. Auf der windgeschützten Terrasse vor dem Haus bietet sich ein wunderbarer Blick zu Ifinger und Hirzer, über das Etschtal bis hin zu den fernen Dolomiten und der Ortlergruppe. An lauen Sommerabenden, wenn unten im Tal die Lichter von Meran glitzern, ist es hier besonders schön. Auf dem Spielplatz hinter dem Haus können sich die Kinder austoben.

Essen | Trinken

Nicht nur hier, auch in renommierten italienischen Restaurantführern wird der Oberlechner lobend erwähnt. Peter Gamper ist gelernter Koch und steht natürlich selbst in der Küche, seine Frau und seine Schwester bedienen die Gäste. Es gibt gediegene Hausmannskost, je nach Saison Pilz- und Wildgerichte. Empfehlenswert sind die verschiedenen Nudelspeisen. Für ein Berggasthaus recht umfangreiche Weinkarte mit einer guten Auswahl an typischen Südtiroler Spitzenweinen; als offener Schankwein wird ein interessanter roter und weißer Eigenbauwein kredenzt, den der Bruder aus Oberplars liefert. Hausgemachter Apfel- und Holunderblütensaft sind die idealen Durstlöscher.

Unterkunft

In fünf Zimmern und fünf Ferienwohnungen können insgesamt bis zu zwanzig Personen beherbergt werden.

Wie kommt man hin?

Ab Algund 6,5 km. Vellau lässt sich aber auch umweltfreundlich und bequem mit dem Sessellift ab Algund erreichen.

Sehens- und Wissenswertes

- In Algund, uraltes Besiedelungsgebiet, wurden Menhire gefunden. Die Originale der etwa 5000 Jahre alten Steine sind im Südtiroler Archäologiemuseum in Bozen ausgestellt. Nachbildungen stehen vor dem Tourismusbüro am Hans-Gamper-Platz in Algund.
- In der Marktgasse in Algund hat Kaiserin Maria Theresia um 1776 eine mächtige Mauer zum Schutz gegen die Etschüberschwemmungen errichten lassen, die heute noch zu besichtigen ist.
- Eine Kapelle beim Freibad steht auf den Resten eines Brückenkopfs: Hier setzte die Römerstraße „Via Claudia Augusta“ auf einer Brücke über die Etsch.

Wanderungen

- Der Oberlechner (950 m) ist von Partschins (642 m) aus auf Weg Nr. 10B, später 26A (dem Saxnerweg) in gut einer Stunde Gehzeit erreichbar. Unterwegs, in der Nähe der Jausenstation Saxner, gibt es Schalensteine aus vorchristlicher Zeit zu entdecken.
- Wer mit dem Lift von Vellau weiter zur Leiteralm (1522 m) fährt, gelangt auf den Meraner Höhenweg, einen der schönsten Weitwanderwege der Alpen, der auf einer Höhe von ca. 1400 m die sonnigen Hänge quert. Ostwärts geht es zum Hochmuter (1360 m; Einkehr; tolle Aussicht) und auf dem tiefer verlaufenden Vellauer Felsenweg wieder zum Oberlechner zurück. Gehzeit ca. 2 Stunden.

Gasthaus Oberlechner
Fam. Gamper
Vellau 7
39022 Algund
Tel. 0473 448350
Fax 0473 222557

In mehreren Stuben 100 Sitzplätze, draußen 50 Plätze an rustikalen Tischen auf der Terrasse sowie 15 auf dem Balkon.

Von Mitte Januar bis Mitte März geschlossen. Auch am Nachmittag kleine warme Gerichte, Mittwoch Ruhetag.

13 NASERHOF

Auf einem Felsplateau hoch über dem Passeiertal liegt der Naserhof (1350 m), ein etwa 300 Jahre alter, von der Sonne gegerbter uriger Holzblockbau. Hof und Stall ducken sich an die Felswand, vor dem Haus wurden dem steilen Gelände ein Gastgarten, ein Kinderspielplatz und ein Parkplatz abgerungen. Bei schönem Wetter wird jeden Dienstag von 12 bis 16 Uhr aufgespielt. Beeindruckende Fernsicht!

Essen | Trinken

Der Naserhof ist bekannt für sein gutes und preiswertes Essen – und er weckt den Eindruck, dass es hier auch den Schafen, Ziegen, Eseln und Schweinen im blitzblanken Stall gefällt. Oswald und Berta Schweigl bringen einfache Tiroler Hausmannskost auf den Tisch; an Sonn- und Feiertagen gehört dazu immer auch ein Braten, meist der beliebte Hammelbraten. Wenn es das „Bockerne" gibt – einen Braten vom jungen Geißbock, für den der Naserwirt weithin bekannt ist –, kommen die Einheimischen eigens für dieses Schmankerl herauf. Berta ist für ihre Kuchen berühmt, abwechselnd gibt es Sacher-, Himbeer-Joghurt- oder die unvergleichliche Käsesahnetorte. Im Herbst gehört zünftiges Törggelen zum Programm, mit Sauerkraut, Schweinernem, Kastanien und neuem Wein.

Wie kommt man hin?

Zwischen Saltaus und St. Martin zweigt beim Weiler Kalm an der Talstraße die 9 km lange Zufahrt Richtung Magdfeld ab, die letzten 1,5 km sind nicht asphaltiert.

Sehens- und Wissenswertes

- Die stattliche barocke Kirche von Riffian – vom Baumeister Franz Delai entworfen – zeugt von der großen Bedeutung, die das Dorf als katholischer Wallfahrtsort einst hatte. In der Kirche steht ein beachtenswerter Taufstein, in der Friedhofskapelle sind spätmittelalterliche Fresken von Meister Wenzel zu sehen, der auch den berühmten Adlerturm im bischöflichen Schloss von Trient ausgeschmückt hat.
- Eine Besonderheit des Passeiertals sind die insgesamt zwölf Schildhöfe. Im 13. und 14. Jh. hatten sich einige Bauern besonderer Rechte erworben: teilweise Steuerfreiheit, Weide- und Jagdrechte sowie das Recht, Waffen zu tragen. Einige dieser Höfe – zum Beispiel die in Saltaus oder in Steinhaus – haben wehrhaften Charakter.

Wanderungen

- Zum Naserhof führt vom Tal aus der alte, steile Kirchweg (Haltestelle Kalm vor St. Martin; 560 m). Ein anderer Weg bringt einen vom Hotel Quellenhof (550 m) an der Passeirer Straße zum Meraner Höhenweg hinauf; ihm entlang nordwärts weiter bis zum Weiler und Gasthaus Magdfeld (1148 m). Von dort hinauf zum Naserhof. Gehzeit jeweils rund 2½ Stunden.
- Vom Naserhof (1350 m) aus gibt es einen etwas steilen, aber gut angelegten und teilweise gepflasterten Wanderweg durch Wald, Alpenrosenbüsche und über Weiden zur Faglsalm (1980 m, Einkehr). Dort beginnt der Aufstieg zum einsamen Faglssee auf 2091 m. Die Wege Nr. 6 und 6A führen über die Sattelspitze (2134 m) zum Naserhof zurück. Gehzeit ca. 4–5 Stunden.

Naserhof
Fam. Schweigl
Magdfeld, Kalmtalerstr. 46
39010 St. Martin in Passeier
Tel. 348 9334700

In gemütlichen Stuben 30 Plätze, draußen 100.

Von Ostern bis Anfang November geöffnet. Durchgehend warme Küche, kein Ruhetag.
Ab Mitte Januar sonntags geöffnet.

SEKTKELLEREI REITERER MÖLTEN/BOZEN
ARUNDA
VSQPRD
ARUNDA®
BRUT
Metodo classico
prodotto da:
e 0,75 L
Arunda Sektkellerei/Cantina Spumanti · Metodo classico · Talento
I-39010 Mölten/Meltina · Tel. 0471-668033 · Fax 0471 668229

14 GASTHOF BREITEBEN

Zwischen Moos und St. Leonhard in Passeier liegt auf einem kleinen Hochplateau unweit des Weilers Platt der behäbige Gasthof Breiteben. Vor etwa 100 Jahren gebaut, zeigt der kaum veränderte, mit Holz getäfelte große Speisesaal deutliche Stilelemente jener Zeit. Vor dem Haus spendet eine mächtige, unter Naturschutz stehende Linde den Gartentischen Schatten. Die Gäste werden mit natürlicher Herzlichkeit und bodenständigem Psairer Dialekt umsorgt.

Essen Trinken

Es gibt herzhafte Tiroler Kost. An Sonn- und Feiertagen kommt meist ein Braten auf den Tisch, im Sommer ist es das obligate Schöpserne. Ein Ess-Erlebnis sind die riesigen Omeletts, verführerisch auch der Gugelhupf, der Schokolade-Gewürzkuchen, die Sahne-Schwarzbeer-Roulade und der Apfelstrudel. Eine kleine Auswahl an Südtiroler Flaschenweinen begleitet diese Hausmannskost. Zur Verdauung hilft der selbst angesetzte Schwarzbeerschnaps, hausgemacht ist auch der Holundersaft.

Unterkunft

16 Betten in neu und heimelig getäfelten Zimmern.

Wie kommt man hin?

Obwohl Breiteben zur Gemeinde St. Martin gehört, ist die Zufahrt über das Nachbardorf St. Leonhard zu nehmen; Abfahrt beim Brückenwirt an der Passerbrücke; 4,5 km lange, schmale Straße.

Sehens- und Wissenswertes

- Neben dem Haus steht die Kapelle zum hl. Nepomuk, der vor Unwettern, Überschwemmungen und Muren schützen soll. Tatsächlich löste sich 1926 beim nahen Gögelehof eine Mure und verwüstete Wiesen, Felder, Häuser und ein Sägewerk. Jedes Jahr am 16. Mai pilgern die Bewohner der Gegend von der Kirche in Platt zur Kapelle, wo eine Messe gelesen wird.

- Von Platt aus führt eine halbstündige Wanderung über Feldwege zu den „Gletschermühlen“ (beschildert). Die Gletscher der letzten Eiszeit haben runde, wannenförmige Ausschürfungen im Gestein hinterlassen. Das größte dieser 15 Löcher ist 8 m tief und weist einen Durchmesser von 7 m auf.
- Nordöstlich von St. Leonhard blickt der Turm der Jaufenburg weit übers Tal, der letzte Rest der einst prächtigen Burganlage aus dem 13./14. Jh. Neben beeindruckenden Wandmalereien erzählen Schautafeln und eine Hörstation von der Geschichte der Burg und des Passeiertals. Die Jaufenburg ist Außenstelle des „MuseumPasseier – Andreas Hofer“, Infos: Tel. 0473 659086, www.museum.passeier.it

Wanderungen

- Etwas oberhalb von Breiteben verläuft der Meraner Höhenweg (Nr. 24), der ostwärts in 1 Stunde zur Jausenstation Christl (1029 m) führt.
- Von Moos führt ein ausgeschilderter Wandersteig zum „Stieber“, einem eindrucksvollen Wasserfall des Pfelderer Bachs. Für Besucher des Naturschauspiels wurde eine hölzerne Plattform errichtet. Der Steig zweigt etwa 500 m nach Moos von der Straße nach Pfelders ab. Gehzeit 20 Minuten.

Gasthof Breiteben
Fam. Wilhelm
Breitebenstr. 3
39010 St. Martin in Passeier
Tel. 0473 656249
info@gasthof-breiteben.it
www.gasthof-breiteben.it

In der Gaststube und im Speisesaal Platz für 100 Gäste, draußen an den Gartentischen 50.

Ganzjährig geöffnet, im Winter montags Ruhetag.

15 JAUSENSTATION VALLPLATZ

Hoch über Schenna – zu Füßen des Ifingers – liegt auf einer Höhe von 1070 m an einem steilen, sonnigen Hang namens Schennaberg der Hof Vallplatz, eine jahrhundertealte Hofstelle mit einem einfachen, neu umgebauten Landgasthaus. Von der schönen Sonnenterrasse bietet sich ein herrlicher Blick auf das Meraner Becken, die Ultner und Vinschgauer Berge sowie die gegenüberliegende Texelgruppe und die Passeirer Gipfelwelt.

Essen | Trinken

Mutter Anna steht in der Küche, Tochter Monika besorgt den Service, der Bruder kümmert sich um die Landwirtschaft und hilft im Gasthaus mit, wenn viel zu tun ist. Der Vallplatz ist für seine einfache, gute und preiswerte Hausmannskost bekannt: mehrerlei Knödel wie Käse-, Leber-, Speck- oder Schwarzplenten-Knödel; am Sonntag kommt immer ein Braten auf den Tisch. Die Kaminwurzen und der Speck sind hausgemacht. Für eine Zwischenmahlzeit eignen sich die heißen Kartoffeln mit Kräutertopfen, schmackhaft ist auch das Früchtebrot mit Nüssen, Feigen und Sultaninen. Aus dem Garten stammen im Sommer die frischen Himbeeren. Die Bauernkrapfen sind mit Kastaniencreme gefüllt. An selbst gemachten Säften stehen Holunder- und Himbeersaft zur Wahl. In der kalten Jahreszeit kommen Törggelegerichte auf die Speisekarte: Schweinernes mit Kraut und die guten Hauswürste. Dann verträgt man leicht den „Nusseler" oder die in Schnaps angesetzten Himbeeren.

Unterkunft

Es gibt eine Ferienwohnung für zwei bis drei Personen.

Wie kommt man hin?

7 km von Schenna, an der Talstation der Taserseilbahn vorbei über Hasenegg.

Sehens- und Wissenswertes

- Eine der Hauptsehenswürdigkeiten der Gegend ist Schloss Schenna (um 1350). Unmittelbar daneben steht ein Mausoleum. Das mächtige, in neugotischem Stil erbaute Gebäude wurde als Begräbnisstätte für Erzherzog Johann und seine Frau errichtet, auch sein Sohn Franz Graf von Meran und dessen Frau Theresia von Lemberg sind hier beigesetzt. Erzherzog Johann war ein Spross der Habsburger Kaiserfamilie, ein liberaler Denker, sozial engagiert und Tirol sehr zugetan. Er machte sich in vieler Weise um das Land verdient, nicht zuletzt auch dadurch, dass er den Anbau neuer Rebsorten vorantrieb. Er heiratete ein Mädchen aus dem Volk – die Postmeistertochter Anna Plochl, später „Gräfin von Meran" – und verzichtete damit auf alle dynastischen Ansprüche.

Wanderungen

- Der Schennaberg ist mit einem dichten Netz an gut markierten und ausgeschilderten Wanderwegen versehen – wer die Wahl hat, hat die Qual. Nicht zu vergessen, dass es manchmal kräftig bergauf gehen kann. Ein lohnender Herbst- oder Frühlingsweg beginnt in der Naif (600 m), an der Talstation der Ifinger Seilbahn. Mit Nr. 3 markiert, geht er zum Schloss Vernaun (698 m), folgt dann dem Verdinser Waal zur Taserseilbahn (827 m) und führt von da aufwärts nach Vallplatz (1068 m). Gehzeit etwa 2–3 Stunden.
- Auch über St. Georgen (716 m) und den Zmailerhof (1100 m) ist Vallplatz zu erwandern.

Jausenstation Vallplatz
Fam. Mair
Schennaberg 163
39017 Schenna
Tel. 0473 945355

In zwei Stuben 30 Plätze, auf der Terrasse weitere 30.

Ganzjährig von 11 bis 18.30 Uhr geöffnet. Durchgehend warme Küche. Freitag Ruhetag.

16 ZMAILERHOF

Der Zmailerhof liegt einmalig schön an einem sonnigen Berghang hoch über dem Meraner Becken. Im Rücken die Bergriesen von Ifinger und Hirzer, zu Füßen die Ortschaft Schenna und auf der gegenüberliegenden Talseite Dorf Tirol, Riffian und Kuens am Eingang zum Passeiertal, bietet er sich als ideales Ziel oder Ausgangspunkt für Wanderungen an. Die Hofstelle wurde bereits im 14. Jh. urkundlich erwähnt. Auch heute noch betreibt die Familie Thaler neben dem Gasthaus eine Landwirtschaft mit 20 Stück Vieh.

Essen | Trinken

Frau Thaler serviert traditionelle Tiroler Kost: Speckknödel, im Frühjahr Brennnesselknödel und Zigori-Salat (junger Löwenzahn) mit gekochten Kartoffeln. An Sonn- und Feiertagen stehen auch Braten oder Gulasch zur Auswahl, unter der Woche sollten diese aufwändigeren Gerichte vorbestellt werden. Saures Rindfleisch und im Herbst Hauswurst mit Kraut ergänzen das Angebot. An Sonn- und Feiertagen werden Krapfen gebacken, als Nachspeise sind die Himbeeren mit Joghurt und Sahne beliebt, Johannis- und Himbeersaft sind wie der Speck selbst gemacht.

Wie kommt man hin?

Zuerst 5 km ab Schenna-Dorf in Richtung St. Georgen, dann in die Pichlerstraße und später in eine steile, geteerte Straße einbiegen. Die letzten 800 m Straße sind gekiest.

Sehens- und Wissenswertes

- In der Fraktion St. Georgen, nicht weit vom Zmailer entfernt, befindet sich die romanische Rundkirche St. Georg aus dem 12. Jh. Die Kuppel der mit gotischen Fresken geschmückten Kapelle ruht auf einer einzigen zentralen Säule. Zu beachten ist auch der Flügelaltar aus dem frühen 16. Jh. (Schlüssel im 20 m entfernten Bauernhof).
- Für den kunsthistorisch Interessierten lohnt sich der Weg nach Schenna. Neben dem Schloss und dem Mausoleum ist auch die alte Pfarrkirche, im romanischen Stil erbaut, sehenswert. Bei einer Renovierung wurden in der Johanneskapelle ausdrucksstarke Fresken aus der Hand desselben Meisters, der die St.-Georg-Kirche ausschmückte, freigelegt. Sie veranschaulichen die Legende des hl. Pankraz und zeigen Kirchenväter sowie Symbole der Evangelisten.

Wanderungen

- Der Sonnenhang über Schenna bietet eine Vielzahl von gut markierten und beschilderten Wanderwegen. Eine beliebte Wanderung führt von der Naif (600 m), der Talstation der Seilbahn nach Meran 2000, auf dem Waalweg zum Pichler (827 m). Von dort bergauf zum Zmailer (1100 m). Gehzeit etwa 2 Stunden.
- Von Schenna aus bietet sich die Fahrt mit dem Gästebus nach Verdins (842 m) an. Über Vallplatz, den Holzner (1085 m) und die Säge ist der Zmailer (1100 m) dann in 1½ Stunden erreicht. Der Rückweg führt in 40 Minuten über St. Georgen (716 m) nach Schenna (580 m).
- Wer Aufstiegen nichts abgewinnen kann, fährt mit der Schwebebahn zum Taser (1445 m) hinauf und wandert über den Schnuggerhof (1350 m) zum Zmailer (1100 m) und von hier zur Talstation der Bahn (827 m) zurück.

Zmailerhof
Fam. Johann Thaler
Schennaberg 48
39017 Schenna
Tel. 0473 945881

25 Sitzplätze in der getäfelten Bauernstube, 40 auf der Aussichtsterrasse.

Von März bis November als Hofschank geöffnet. Im Juli und August Freitag Ruhetag. Am Abend nur auf Vorbestellung.

17 WIRTSHAUS THURNERHOF

Am Nordrand von Schenna, etwas außerhalb des Dorfzentrums, liegt in einmaliger Aussichtsposition und umgeben von Apfelgärten und uralten Kastanienbäumen der Thurnerhof. Bereits im 15. Jh. erwähnt, ist er einer der schönsten und ältesten Bauernhöfe von Schenna, wurde aber erst 1996 zum Wirtshaus umgestaltet. Wie auch Schloss Schenna ist der Hof im Besitz der Grafen von Meran, der Nachkommen von Erzherzog Johann von Österreich. Die Führung liegt in den bewährten Händen von Myriam und Bernhard Tammerle.

Essen | Trinken

„Köstlich einfach ..." lautet die Devise des Thurnerhofs. Die Rezepte der heimischen und bodenständigen Küche werden auf einfache Weise verfeinert angeboten. Dabei wird regelmäßig mit besonderen Themenwochen in die Welt der exquisiten Küche ausgeschweift. Dann dreht sich alles um Fisch, Spargel, Obst, Gemüse, Salate, Kräuter und Wild oder es gibt die traditionellen Herbstgerichte. Die rußgeschwärzte Selchküche, in der früher der Speck geräuchert und gelagert wurde, ist zu einem Gastlokal umfunktioniert und der gemütliche Mittelpunkt beim herbstlichen Törggelen. In der holzgetäfelten Stube wird in angenehmer Atmosphäre gespeist, die Tische und Stühle sind nach alten Mustern gefertigt. Ausgesuchte Weine aus Südtiroler Kellereien runden das Ess-Erlebnis im Thurnerhof ab.

Wie kommt man hin?

Am nördlichen Dorfrand, nach der Schule, zweigt die beschilderte Zufahrt zum Thurnerhof ab.

Sehens- und Wissenswertes

- Beim Haus steht der „Liebesbaum", ein mächtiger, knorriger Kastanienriese. Experten schätzen sein Alter auf 600 Jahre. Auf die Bank im gespaltenen und hohlen Stamm setzen sich gerne Liebes- und Hochzeitspaare zu Treueversprechen und für Erinnerungsfotos.
- Schloss Schenna war die Residenz des Erzherzogs Johann von Österreich. In der bestens erhaltenen Wohnburg werden Waffen, Möbel und Gemälde zur Geschichte Habsburgs und Tirols gezeigt. Im schönen Innenhof finden Veranstaltungen statt. Von März bis November geöffnet, an Sonn- und Feiertagen geschlossen. Infos: Tel. 0473 945630, www.schloss-schenna.com
- Das älteste Baudenkmal Schennas ist die St.-Martin-Kirche am westlichen Dorfrand. Der romanische zweischiffige Bau mit je einer Rundapsis stammt aus dem 12. Jh. und dient heute als Totenkapelle.

Wanderungen

- Der Abstieg vom Thurnerhof (634 m) ins Tal führt auf den ebenen Maiser Waalweg und dann am linken Passerufer entlang durch Wiesen, Apfelanlagen und Mischwald in 2 Stunden nach Saltaus (490 m).
- Vom Dorfzentrum (580 m; Parkplatz hinter dem Rathaus) geht ein Spazierweg („Waldweg") in 40 Minuten zum Thurnerhof. Er führt durch Apfelanlagen und Wald über den Schnuggenbach und anschließend leicht aufwärts zum Wirtshaus (634 m).

Wirtshaus Thurnerhof
Myriam und Bernhard Tammerle
Verdinser Str. 26
39017 Schenna
Tel. 0473 945702
Fax 0473 945964
info@thurnerhof-schenna.com
www.thurnerhof-schenna.com

In drei Stuben und der Selchküche 60 Plätze, im Garten unter Kastanienbäumen 40.

Von März bis November von 10 bis 24 Uhr geöffnet. Von Dezember bis 6. Januar von Dienstag bis Samstag von 17 bis 24 Uhr, an Sonn- und Feiertagen von 10 bis 24 Uhr geöffnet. Montag Ruhetag.

18 IDA-STUBE IM VIGILIUS MOUNTAIN RESORT

Eine Seilbahn bringt die Gäste in sieben Minuten von Lana hinauf auf das autofreie Vigiljoch (1500 m) mit seinen Wiesen und Wäldern, ausgedehnten Wanderwegen und Berggasthäusern. Unmittelbar neben der Bergstation der Seilbahn befindet sich ein Hotel der Spitzenklasse, das Vigilius Mountain Resort. Teil dieser von Stararchitekt Matteo Thun geplanten Hotelanlage ist die Bauernstube Ida. Das Gasthaus mit dem schindelgedeckten Steildach, den naturbelassenen Holzbalken und der aussichtsreichen Sonnenterrasse ist der traditionellen ländlichen Bauweise nachempfunden. In der holzgetäfelten Bauernstube mit dem Kachelofen sitzt es sich auch an kühlen Tagen in heimeliger Gemütlichkeit.

Essen | Trinken

Die Küche bietet Tagesausflüglern verfeinerte, leichte Tiroler Kost mit Abstechern in die mediterrane Küche Italiens, mit viel Kräutern und Gemüse, Hausgemachtem und Produkten von den Bauern der Umgebung, so etwa Speck und Käse für die Jausenteller. Die Weinauswahl ist beeindruckend und lässt die Nähe zum Weinkeller des Gourmet-Hotelrestaurants ahnen. Besonderes Augenmerk legt der Hausherr auf den einheimischen Vernatschwein, von dem eine breite Palette der besten Flaschen auf der Karte steht. Durchgehend warme Küche, abends ist das Gasthaus allerdings nur für Hotelgäste geöffnet.

Unterkunft

Wer hat, der kann sich im wunderbaren Ambiente des Luxushotels Vigilius Mountain Resort erholen. Hausführungen werden nur nach telefonischer Anfrage gemacht.

Wie kommt man hin?

Von Lana kurz auf der Straße Richtung Ulten, nach 200 m Parkplatz und Talstation der Vigiljochseilbahn. Die Bahn verkehrt im 30-Minuten-Takt (im Winter von 9 bis 17 Uhr, im Sommer von 8 bis 19.30 Uhr).

Sehens- und Wissenswertes

- Eine Attraktion ist bereits die Anfahrt mit der Schwebeseilbahn. Mit modernster Technik ausgestattet und renoviert, schafft es die zweitälteste Bahn Europas in nur wenigen Minuten, die Fahrgäste über 1200 Höhenmeter emporzuheben.
- Das Vigiljoch ist das kleinste und zugleich eines der ältesten Skigebiete Südtirols. Von der Bergstation der Seilbahn bringt einen ein Sessellift zu sanften, familienfreundlichen Pisten oder verkürzt im Sommer die Wanderstrecke zu den Zielen und Gipfeln im „Hinterland".
- Das Höhenkirchlein St. Vigilius aus dem 12. Jh. ist im Inneren mit wertvollen gotischen Fresken geschmückt.

Wanderungen

- Der Gasthof Seespitz (1748 m) am Weiher (im Winter Eisstockschießen) ist von der Bergstation der Seilbahn aus in einer knappen Stunde (Markierung 7) erwandert. Für den Rückweg empfiehlt sich die Runde über das Vigilius-Kirchlein (1739 m) und den sonnigen Weg 34.
- Ein etwas ambitionierteres Wanderziel ist der herrliche Aussichtsberg Naturnser Hochjoch (2470 m), auf dem Kammweg Nr. 9 von der Bergstation des Sessellifts am Larchbühel aus in 2½ Stunden zu erreichen. Als Abstecher lockt die unfern unseres Wegs liegende und im Sommer bewirtschaftete Naturnser Alm (1922 m).

Ida-Stube im Vigilius Mountain Resort
Vigiljoch
39011 Lana
Tel. 0473 556600
Fax 0473 556699
info@vigilius.it
www.vigilius.it

Drinnen 35 Plätze, 60 draußen.

Ganzjährig von 11 bis 23 Uhr geöffnet. Mittags und abends warme Küche, am Nachmittag kleine Karte. Kein Ruhetag.

19 PFROLLNHOF

Hoch über St. Pankraz, an der bewaldeten Flanke des Ultentales, liegt auf 1420 m der Pfrollnhof und blickt weit über das Tal. Tief unten liegt der Pankrazer Stausee, weiter hinten im Tal glitzert die Wasserfläche des Zoggler Stausees, ein Kranz hoher Berge – vom Gantkofel über den Kornigl bis zum 3257 m hohen Hasenöhrl und dem Hochwart im Norden – rahmt das Bild. Satte Wiesen und Wälder umgeben die Hofstelle. Unter einer ausladenden Linde gruppieren sich die Tische von Garten und Terrasse, bei kühlem Wetter bietet der gemütliche Anbau des Hofschanks Schutz. Mitunter holt auch mal ein einheimischer Gast seine Ziehharmonika hervor und spielt den anderen Gästen eins auf.

Essen | Trinken

Neben klassischen Tiroler Gerichten wie verschiedene Knödel, Hauswürste, Sauerkraut und Omeletts gibt es weitere hausgemachte Köstlichkeiten wie Speck, Frischkäse mit Kräutern, würzigen Almkäse, Salami, geräuchertes Rindfleisch und Weißwürste. Bekannt ist Frau Zita für ihr Hirschragout mit Pfifferlingen sowie für die Süßspeisen, darunter Ultner Mohnkrapfen und herrliche Biskuittorten. Hausgemacht sind auch das Roggenbrot sowie die Säfte von Johannisbeeren, Holunderblüten und Zitronenmelisse.

Wie kommt man hin?

Von Lana zweigt die Straße ins Ultental ab; gleich hinter St. Pankraz führt links ein Sträßchen zum Sportplatz und weiter zum Hofschank: es sind rund 7 km auf schmaler, steiler, aber mit Leitplanken gesicherter Asphaltstraße.

Sehens- und Wissenswertes

Ein Kuriosum ist das sogenannte Häusl am Stein. Der Legende zufolge, wurde das Haus bei einem Bergrutsch auf den Felsen geschoben; tatsächlich wurde der riesige Felsblock, auf dem es steht, 1882 von einem Hochwasser des Falschauerbachs freigespült. Von der Zufahrt zum Pfrollnhof, in der Nähe des Sportplatzes, ist das Bauwerk in wenigen Minuten auf beschildertem Fußweg erreichbar.

Wanderungen

- Vom Pfrollnhof (1420 m) führt ein breiter Waldweg (Nr. 25) mit mäßiger Steigung den Hang entlang in 45 Minuten zum Platzerer Jöchl (1548 m). Hinter dem flachen Sattel verzweigen sich die Wege: Nr. 10 erreicht in etwa 40 Minuten sanften Abstiegs die Gampenstraße; ein steiler Abstieg führt zum Dörfchen Platzers auf 1270 m, ein dritter Weg steigt auf den 2434 m hohen Laugen (knapp 4 Stunden ab Pfrollnhof).
- Der Weg von der Gampenstraße zum Pfrollnhof ist im Winter eine beliebte und lawinensichere Schneeschuhwanderung mit insgesamt geringer Steigung (ca. 240 Höhenmeter) und leichter Orientierung.
- Wer es gemütlicher liebt, spaziere einfach von den weiten Wiesen hinter dem oben erwähnten Platzer Jöchl etwa 10 Minuten Richtung Laugen bis zu einer Lichtung mit Tisch, Bank, Brunnen und einem hübschen kleinen Teich: ein schönes Plätzchen, um die Stille, die Natur und die Aussicht zu genießen.

Pfrollnhof
Hans und Zita Hillebrand-Wenin
Nörderberg 6
39010 St. Pankraz
Tel. 0473 787315
oder 333 4967889

Zwei Stübchen mit 38 Plätzen, draußen ist Platz für 60 Personen.

Von Anfang Mai bis Ende November geöffnet, im Winter nur sonntags. Donnerstag Ruhetag.

20 HELENER BICHL

Die schönste Aussicht über das Ultental bis ins Etschtal hinaus ist von der Hügelkuppe des Helener Bichls hoch über St. Pankraz zu genießen. Die Häusergruppe um das Kirchlein zur hl. Helena liegt auf 1532 m. Ursprünge von Haus und Kirche gehen auf das Jahr 1338 zurück. Wegen seiner freien Lage und dem gemütlichen Gasthaus ist St. Helena ein beliebtes Ausflugsziel. Der neue Besitzer, Karl Laimer, bringt seit ein paar Jahren Schwung in diese Bergeinsamkeit.

Essen | Trinken

Üblicherweise kocht Karl Laimer auf dem Holzherd in der einfachen Küche ebenso einfache Tiroler Hausmannskost, z. B. Omeletts und Schmarrn für die Wanderer, die hier gerne einkehren. An Sonntagen bereichern Tellergerichte wie Gemüse-Lasagne, ein Braten – oft Lammbraten – und Gulasch die Speisekarte; die Wälder der Umgebung liefern die besonders von Italienern heiß geliebten Pilze für den Risotto. Auf Vorbestellung greift der gelernte Koch mit vieljähriger Hotelerfahrung tiefer in die Rezeptkiste und serviert komplette, ausgefeilte Menüs. Für Naschkatzen gibt es hausgemachte Mohnkrapfen, Halbgefrorenes und Kuchen. Die Weinauswahl ist in dem einfachen Berggasthaus eine angenehme Überraschung; der Hauswein, ein dunkler Lagrein, stammt von einem Tschermser Bauern.

Unterkunft

Acht schlichte Doppelzimmer, zum Teil mit Etagenbad, stehen bereit.

Wie kommt man hin?

8,5 km ab St. Pankraz in Ulten. Zuerst in das Kirchbachtal, dann am Talhang ansteigend an der Jausenstation Kapauern vorbei, beim Innerkaserbacherhof scharf nach Osten, auf der Forststraße bis zu einer Schranke. Vom Parkplatz vor der Schranke sind's noch 15 Gehminuten zum Gasthaus.

Sehens- und Wissenswertes

- Der Ultner Museumsverein hat eine umfangreiche Sammlung von Hausrat, bäuerlichem Gerät, Dokumenten, Bildern, Kuriosem und mehr oder weniger Wertvollem aus dem Ultental zusammengetragen und bewahrt sie in einem sehenswerten Heimatmuseum in St. Nikolaus auf. Infos über Öffnungszeiten und Führungen: Tel. 0473 790147 oder 0473 790374
- Im linken barocken Seitenaltar von St. Helena befindet sich das eigentliche Schmuckstück, die Statue der Gottesmutter Maria als hochschwangere Frau. Dieses seltene Motiv war lange Zeit ein beliebtes Ziel von Wallfahrern, besonders von Frauen, die hier um Kinder oder eine gute Geburt beteten. Der Wirt weiß die Geschichte von einem Urlauberpaar zu erzählen, dem nach jahrelanger Kinderlosigkeit der Urlaub in der Waldeinsamkeit des Helener Bichls Kindersegen bescherte.

Wanderungen

- Von St. Pankraz führt Weg Nr. 5 in strammer Steigung – immerhin sind 830 Höhenmeter zu überwinden – in 2½ Stunden zum Helener Bichl.
- Vom Bachmannhof (1279 m) im Kirchbachtal bei St. Pankraz durchs Kirchbachtal (Markierung 3) auf die Innere Falkomaialm (2051 m) und entlang Markierung 9A und 6 über St. Helena (1532 m) zum Ausgangspunkt zurück. Gehzeit ca. 5–6 Stunden.

Helener Bichl
Karl Laimer
St. Helena 1
39010 Ulten
Tel. 0473 787139

25 Plätze in der Stube im Obergeschoss, 45 im Untergeschoss an einfachen Tischen, weitere 40 Plätze vor und hinter dem Haus.

Ganzjährig geöffnet, Montag Ruhetag. Oktober bis April Montag und Dienstag Ruhetag. Am Abend komplette Mahlzeiten nur auf Vorbestellung.

21 GASTHAUS VÖLLANER BADL

Das Gasthaus Völlaner Badl liegt romantisch und abgelegen inmitten eines dichten Mischwalds im Talgrund des Brandis-Bachs (830 m) oberhalb von Völlan. Beim Haus entspringt eine seit langer Zeit bekannte Sulfat- und mineralreiche Naturheilquelle, der eine positive Wirkung bei Gelenk- und Kreislaufbeschwerden nachgesagt wird und die Einheimische immer noch gern für Badekuren nutzen. Das Berggasthaus mit dem großen Gastgarten, dem Kinderspielplatz und einer gemütlichen Gaststube ist ein beliebtes Ausflugsziel.

Essen | Trinken

Karl Gruber werkt persönlich am Herd und tischt einfache, herzhafte Gerichte auf – vom Kaiserschmarrn über Spielgeleier zu Knödelgerichten sowie knackigen Salattellern für Kalorienbewusste. Im Frühjahr gesellen sich Brennnesselknödel und -spatzln dazu. Bei den kleinen Gerichten steht Tirolerisches wie saures Rindfleisch und Kalbskopf, Graukäse, Sextner Almkäse und natürlich hausgeräucherter Speck auf der Karte. Die Eier kommen vom eigenen Bauernhof. Nach ausgiebig Speis und Trank vergnügen sich Groß und Klein auf der Naturkegelbahn.

Unterkunft

Da die alte Badetradition zunehmend auflebt, bietet Karl Gruber vier Doppelzimmer an. Nachdem die Holzbottiche modernen Wannen weichen mussten, ist nur noch der Deckel aus Holz, aus dem der Kopf ragt; darunter wird in heißem Wasser tüchtig geschwitzt.

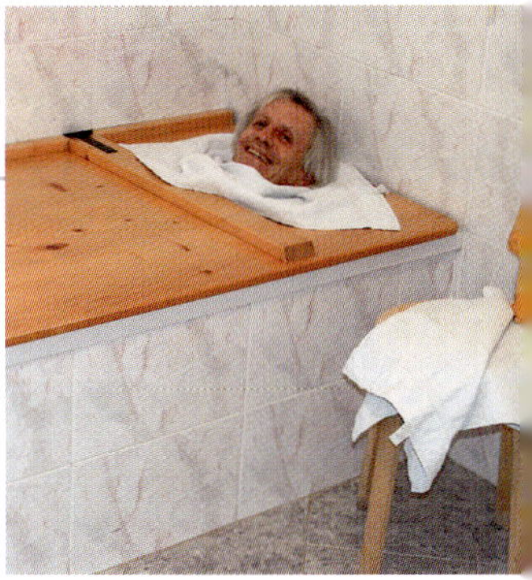

Wie kommt man hin?

Das Völlaner Badl ist über eine 2 km lange, schmale und steile Schotterstraße ab Völlan zu erreichen, am besten wandert es sich aber in 45 Minuten zu Fuß dorthin. Von der Gampenstraße führt nahe der Abzweigung nach Tisens (kurz nach der Tankstelle) eine neue, breite, nicht asphaltierte Straße zum Völlaner Badl.

Sehens- und Wissenswertes

- In Völlan erzählt in einem Nebengebäude des Pfarrwidums ein kleines, mustergültiges Museum vom bäuerlichen Leben der vergangenen Zeiten. Die zahlreichen Exponate – landwirtschaftliches Gerät, aber auch Hausrat wie Webstühle, Spinnräder sowie Öl- und Getreidemühlen – geben einen Einblick in die (oft gar nicht so gute) alte Zeit.
- Im Gasthaus ist, ganz in der Tradition der alten „Bauernbadln", eine schöne Hauskapelle den Heiligen Petrus und Paul geweiht. Nicht nur für den Körper, auch für das Seelenheil sollte gesorgt sein …

Wanderungen

- Vom Völlaner Badl (830 m) aus führt der Wanderweg Nr. 10 in einer knappen Stunde nach Platzers (1278 m, Einkehrmöglichkeit: Gasthaus Natz). Bergwanderer können von Platzers in ca. 3 Stunden auf die 2434 m hohe Laugenspitze steigen; von diesem Gipfel aus bietet sich eine tolle Aussicht.
- Eine schöne Rundwanderung verläuft in stetem Auf und Ab von Völlan (706 m) über eine alte Römerbrücke zur Talmühle (660 m), dann über das Höhenkirchlein St. Hippolyt (759 m) zum Völlaner Badl (830 m) und zurück nach Völlan. Gehzeit 3 Stunden.

Gasthaus Völlaner Badl
Fam. Gruber
Platzers 1
39011 Völlan
Tel. 0473 568059
voellanerbadl@rolmail.net

Innen insgesamt 50 Plätze, davon 20 in der holzgetäfelten Stube; im Garten, teilweise unter Bäumen, 80 Plätze.

Von Mitte März bis Mitte November durchgehend warme Küche, abends nur auf Vorbestellung. Freitag Ruhetag.

22 GASTHAUS SCHMIEDLHOF

Der Schmiedl ist ein herrlich altmodisches Bauerngasthaus hoch über dem Etschtal (867 m) mit wunderbarem Ausblick über das Tal bis zu den Dolomiten mit dem Rosengarten; auf der anderen Talseite liegt der Tschögglberg mit dem Bergrücken des Saltens. Unter Schatten spendenden Nussbäumen laden einfache Holztische und -bänke zum Verweilen und eine überdachte Naturkegelbahn zum Spiel ein. Das Herkömmliche wird hier bewusst gepflegt und bewahrt – es macht das besondere Flair dieses Gasthauses aus.

Essen | Trinken

Luzia Malleier tischt einfache Tiroler Kost auf, Sohn Jakob besuchte die Hotelfachschule und hilft tüchtig mit. Auf der Karte stehen fast immer Schweinebraten mit Knödel, Gulasch und Wienerschnitzel. Der Speck wird noch selbst geselcht, leider reicht die Produktion nicht fürs ganze Jahr. Je nach Jahreszeit ist der gute Blechkuchen mit Zwetschken oder Marillen belegt, auch die schwarzplentene (Buchweizen) Torte schmeckt hervorragend. Zum Kirchtag am 25. Juli gibt es Bocksbraten und Krapfen.

Wie kommt man hin?

Anfahrt auf einer 2 km langen, gut beschilderten Straße ab Prissian.

Gasthaus Schmiedlhof
Fam. Malleier
Grissian 6
39010 Tisens
Tel. 0473 920993

Im gemütlichen Stübele und im Speisesaal 40 Plätze, weitere 40 im Garten.

Ganzjährig geöffnet, mittags und abends warme Küche, Dienstag Ruhetag.

Sehens- und Wissenswertes

- Ganz in der Nähe liegt auf einem ausgeprägten Hügel das Jakobskirchlein aus dem 12. Jh. mit sehenswerten Fresken, darunter die älteste Darstellung der Dolomiten, die den Hintergrund der Szene vom Opfer Abrahams bilden.
- Südlich von Prissian erhebt sich auf einem Hügel der würfelförmige Bau von Schloss Katzenzungen. Am Fuß der Burg wächst eine mächtige, weit ausladende Rebe, die laut Fachleuten über 400 Jahre alt sein soll und in guten Jahren 700 kg weiße Trauben der seltenen Sorte „Versoaln" trägt.

Wanderungen

- Eine gemütliche Wanderung führt von Prissian (610 m) auf dem „Waldsteig" durch Wald und über Wiesen nach Grissian zum Schmiedl (876 m). Weiter geht es zur nahen St.-Jakob-Kirche und über die Bachschlucht zum Apollonia-Kirchlein. Zurück nach Prissian teils auf der kaum befahrenen Straße, teils auf Steigen und Wegen vorbei an Sirmian und wieder über den Grissianer Bach. Gehzeit 3–4 Stunden.
- Wer von Nals aus starten will, um den Schmiedl zu erreichen, hat ca. 600 Höhenmeter zu überwinden. Dabei beginnt der Weg bei der Stachelburg (350 m), führt beim Gasthaus Unterkasatsch (444 m) vorbei nach Prissian (610 m). Nun auf dem Waldsteig nach Grissian zum Schmiedl (876 m). Der Rückweg führt nach Sirmian (680 m) und von dort auf Weg Nr. 9 nach Nals zurück. Gehzeit ca. 5 Stunden.

23 GASTHAUS LEADNER ALM

Der Bergrücken des Tschögglbergs trennt das Sarntal vom Etschtal, seine lichten Lärchenwiesen sind ein ideales Wandergebiet. Am Westhang befindet sich die Leadner Alm (1530 m) – ein beliebtes Ziel von Wanderern. Sie liegt in herrlicher sonniger Südlage auf einem Aussichtsbalkon; das Panorama reicht von den Zacken der nahen Hausberge Ifinger und Hirzer bis zur Texelgruppe, zur Mendel, ins Überetsch, zum Kalterer See und sogar bis zur fernen Brentagruppe.

Essen Trinken

Die Alm ist im Besitz der Gemeinde Vöran, Umbaupläne liegen zwar in der Schublade, aber bis dahin verwöhnt der langjährige Pächter Hans Forrer die Gäste mit zünftigen Tiroler Gerichten. Von Ostern bis in den Herbst hinein wird täglich Schöpsernes serviert. Gerne werden auch die üppigen Omeletts und die Mehlspeisen bestellt. Im Sommer gibt es selbst gepflückte Pilze und Pfifferlinge, aber auch Gemüse sowie Erd- und Himbeeren aus dem eigenen Garten.

Wie kommt man hin?

Im Winter ist die Zufahrt zur Alm mit dem Auto erlaubt; von April bis Oktober muss man sein Auto auf dem Parkplatz beim Gasthaus Grüner Baum in Vöran stehen lassen: Von dort sind es zur Leadner Alm ca. 40 Gehminuten auf gutem, bequemem Weg.

Sehens- und Wissenswertes

- Im Westen ist der Leadner Alm ein Felsbuckel vorgelagert, der Roatstoan. Gegen das Etschtal fallen die Felsflanken senkrecht ab, von Osten her kann der bewaldete Rücken problemlos erwandert werden. Auf der 1465 m hohen Kuppe stellte der Künstler Franz Messner 30 Klappsessel auf: das Knottenkino. Dieses originellste Kino weit und breit zeigt immer dasselbe Programm: den fantastischen Blick über das Etschtal zu den Ultner Bergen und dem Ortler.
- In den Gesteinsschichten am Möltner Joch lagern verkohlte und versteinerte Pflanzenreste, die einen Einblick in die Erdgeschichte geben. In einem kleinen, frei zugänglichen Fossilienmuseum in Mölten (Dorf Nr. 18, beim Rathaus) sind einige Funde ausgestellt. Infos: Tourismusbüro, Tel. 0471 668282, oder Rathaus, Tel. 0471 668001
- In Mölten befindet sich auch die höchst gelegene Sektkellerei Europas. Sepp und Marianne Reiterer stellen nach der klassischen Flaschengärungsmethode vielfach prämierte Spitzensekte her. Ein Besuch der Kellerei Arunda mit Verkostung ist ein Erlebnis (Anmeldung unter Tel. 0471 668033).

Wanderungen

- Vom Parkplatz in Hafling (1278 m) führt der Weg Nr. 2 zur Wurzer Alm (1707 m), dann abwärts zur Leadner Alm (1530 m) und wieder zurück nach Hafling (Nr. 16). Gehzeit ca. 2–3 Stunden.
- Eine der beliebtesten leichten Wanderungen beginnt am Parkplatz beim Gasthof Grüner Baum (1317 m) in Vöran. Von dort geht es über den Schützenbründlweg zum Knottenkino auf dem Roatstoan (1465 m), dann weiter auf dem Weg Nr. 11 zur Leadner Alm (1530 m) und auf Weg Nr. 16 zurück zum Grünen Baum. Eine gut dreistündige Tour.

Gasthaus Leadner Alm
Leadner-Alm-Weg 12
39010 Vöran
Tel./Fax 0473 278136
www.leadner-alm.com

In der Stube und in der hölzernen, verglasten Veranda 90 Plätze, im Garten und auf der Terrasse 100.

Von Mitte November bis Mitte Dezember geschlossen. Durchgehend warme Küche, am Abend nur auf Vorbestellung. In der Hauptsaison kein Ruhetag, zwischen November und März Montag Ruhetag.

BOZEN UND UMGEBUNG

Tschögglberg, Sarntal, Ritten

Südtirols politischer, kultureller und wirtschaftlicher Mittelpunkt ist die Landeshauptstadt Bozen mit ihren 100.000 Einwohnern. Dass hier zwei Kulturen aufeinander treffen, zeigt sich auf den ersten Blick vor allem an dem interessanten architektonischen Kontrast zwischen der historischen deutschen Altstadt und den italienischen Neubauten jenseits der Talfer. Im Alltagsleben wird die Trennung in Einflüsse aus dem Norden oder Süden durch den regen Austausch der Kulturen verwehrt. Zum deutsch- und italienischsprachigen Lebensstil gesellt sich auch noch die kulturelle Vielfalt der Studenten und Arbeitskräfte, die mit der jungen Uni-

versität im Zentrum und dem Gewerbegebiet im Süden in die Stadt gekommen sind. Bozen liegt in einem Talkessel, der sich gegen Süden hin öffnet, im Osten ragen die steilen, schroffen Dolomitenzacken des Rosengartens – des Bozner Wahrzeichens – in den Himmel. Nach Norden und Westen hin säumen mit Reben bepflanzte Hänge die Stadtgrenzen. Im Nordosten, gegenüber dem bewaldeten Kohlerer Berg, liegt der breite Gebirgsrücken des Rittens, seit jeher eine beliebte Sommerfrische der Bozner und sonntägliches Ausflugsziel. Auch rund um Jenesien und am Tschögglberg erstreckt sich ein ideales Wandergebiet. Von Bozen führt eine kurvenreiche Straße durch rund 20 Tunnel in das (noch immer) relativ unberührte Sarntal.

Der Bozner Talkessel

24 BUSCHENSCHANK ZILLI

Auf dem „Vorberg", dem Buckel des Tschögglbergs, der sich ins Etschtal vorschiebt, wachsen hervorragende Weißweine. Früher hielt jeder große Bauer rund um Mölten auf dem Vorberg sein Weinhöfl. Der Muggerhof gehörte zum stattlichen Gschnoferhof in Verschneid. Das alte Bauernhaus wurde grundlegend erneuert, als beim Mugger eine neue Hofstelle entstand. Bauer Bernhard Lintner eröffnete darin im Jahre 2000 einen Buschenschank. Schöne Aussicht von der Terrasse und dem Speisesaal (der eher dem eines städtischen Restaurants ähnelt)!

Essen | Trinken

Der Mugger ist ein richtiger Familienbetrieb. Frau Zilli (Cäcilia), die dem Buschenschank den Namen gibt, bringt ihre jahrzehntelange Erfahrung als Wirtin am Tschaufen auf dem Salten ein. Auf den Tisch kommen unverfälschte Tiroler Gerichte, von Knödeln in verschiedenen Varianten bis zum Schweinebraten, welcher der Zilli besonders gut gelingt. Im Herbst gesellen sich die klassischen Törggelegerichte dazu. Zum Eigenbauwein, einem roten süffigen Vernatsch und einem fruchtigen Weißburgunder, passen dann bestens die gebratenen Kastanien. Eine Spezialität ist neben den knusprigen Strauben der Schokoladekuchen, dessen Rezept aus Amerika stammt. Der Speck ist selbst gemacht, aus dem eigenen Garten holt man das Gemüse. Vor dem Haus steht ein knorriger alter Maulbeerbaum; seine süßen Früchte werden in Schnaps angesetzt.

Wie kommt man hin?

5 km Anfahrt über die Straße nach Mölten, nach der Häusergruppe der Legar-Höfe beschilderte Abzweigung und kurz auf schmaler, aber asphaltierter Straße bergab zum Mugger. Oder über die Terlaner Weinstube, 2 km nördlich von Terlan, auf etwas schmalerer, asphaltierter Straße.

Buschenschank Zilli
Fam. Lintner
Vorberg 5
39018 Terlan
Tel. 0471 678142

Innen 45 Plätze, 40 auf der Terrasse, weitere 8 in einem sechseckigen Gartenhäuschen im Schatten eines Maulbeerbaums.

Von März bis Mai und von September bis November geöffnet. Montag Ruhetag.

Sehens- und Wissenswertes

Die Pfarrkirche von Terlan fällt durch ihren hohen spitzen Turm auf. Im 19. Jh. neigte sich dieser immer mehr und drohte umzustürzen, weshalb er abgetragen und in der heutigen Form wieder aufgebaut wurde. Das Kirchenschiff stammt hingegen aus dem frühen 14. Jh. und ist ein schönes Werk der Hochgotik. Im Freskenzyklus (um 1405) von Hans Stockinger verschmelzen deutsche und italienische Stilelemente. Die ältesten Fresken (wahrscheinlich um 1399) befinden sich im Chor und zählen zu den Hauptwerken der „Bozner Schule".

Wanderungen

Lohnend ist die Wanderung von Terlan zum Mugger, ausgehend von der Terlaner Weinstube (250 m, ca. 1 km vom Dorfende aus in Richtung Meran) oder vom Dorfzentrum von Terlan (250 m) aus: Über den Silberleitenweg, vorbei an der Pizzeria Gartl, in die Oberkreuth, beim Brunnen rechts ab und dann steiler werdend hinauf zu den Tschirglhöfen und weiter bergwärts bis zum „Mugger/Zilli" (590 m). Zurück geht's gestärkt: Auf der Möltner Fahrstraße absteigend nach ca. 150 m rechts, auf der alten Möltner Fahrstraße abwärts und auf einem Steig beim Wetterkreuz über den Hof „Klaus in der Mühl" ins Dorfzentrum zurück. Gehzeit 3 Stunden.

25 BERGGASTHAUS LANZENSCHUSTER

Das Berggasthaus Lanzenschuster liegt auf dem sonnigen Rücken des Tschögglbergs inmitten von Lärchenwiesen auf 1518 m. Mit dem Rücken an einen Wiesenhang gelehnt, weitet sich der Ausblick im Südosten zu den Gipfeln der Dolomiten. Der Tschögglberg ist der klassische Wanderberg der Bozner und Meraner, aber auch der Bewohner von Jenesien und Mölten. An schönen Sommertagen ist hier einiges los!

Essen | Trinken

Christian Pircher hat das Kochhandwerk in den besten Häusern Südtirols gelernt, seine Frau hilft mitunter bei der Bedienung der Gäste aus. Die Speisekarte bietet neben dem bei Einheimischen sehr beliebten schöpsernen Braten auch hausgemachten Apfelstrudel und Kürbiskernroulade. Zu den Spezialitäten des Hauses zählen handgestampfte Butter und Frisch- bzw. Weichkäse aus der Almmilch sowie Teigtaschen und Dinkelravioli. Außerdem gibt es öfters Wildpflanzengerichte wie Brennnessel- oder Wildkräuterknödel mit Speckkrautsalat. Auf Nachfrage werden die vielfach ausgezeichneten Spitzenweine des Unterlandler Winzers Franz Haas kredenzt – ein besonderer Kontrast zum rustikalen Ambiente der Bergwirtschaft. Selbst gemacht sind auch der Himbeer- und Melissensaft sowie der Holundersekt. Für Bio-Fans gibt es auch Bio-Wein.

Unterkunft

Es stehen drei einfache, ordentliche Zimmer sowie Notunterkünfte für müde Weitwanderer bereit, denn der viel begangene Europäische Fernwanderweg E5 Bodensee–Adria führt nahe am Haus vorbei.

Wie kommt man hin?

Über Mölten zum Sattel Schermoos und ab hier 1,5 km weiter auf beschildertem Asphaltweg oder von Jenesien zum Örtchen Flaas und ab hier 2,5 km. Parkplatz vor dem Haus.

Sehens- und Wissenswertes

- Die Gegend um Flaas war vor Jahrhunderten im Besitz bayerischer Klöster. Darauf weisen etliche Höfenamen hin: Der Aschburgerhof gehörte zu Augsburg, der Schöfterhof zum Kloster Schäftlarn. 20 Gehminuten vom Lanzenschuster entfernt liegt inmitten weiter Wiesen die Häusergruppe von Kampidell, bestehend aus einem stattlichen Bauernhof mit Gastwirtschaft, einem Kirchlein und einem gotischen Wohnhaus – ein seltsamer Kontrast zu der Bergeinsamkeit – sowie einem neueren Bau aus den 1960er-Jahren, der den Patres des Klosters Muri-Gries von Bozen als Sommerfrische diente.

Wanderungen

- Eine Rundwanderung führt zu den Stoanernen Mandln, einem der schönsten Aussichtsplätze Südtirols. Hinter dem Haus (1518 m) kurz steil hinauf zu dem dort vorbeiführenden Weg, diesen überqueren und nun durch schütteren Wald, an einem Wetterkreuz vorbei (ab hier mit E5 markiert), auf dem fast ebenen Höhenweg zur meist überlaufenen Almwirtschaft Möltner Kaser (1763 m). Von hier in einer Dreiviertelstunde zum Plateau der Stoanernen Mandln (2003 m) mit den teilweise jahrhundertealten kleinen Steinpyramiden. Rückweg: Von der Möltner Kaser ostwärts zur Jausenstation Jenesier Jöchl (1664 m, gute Einkehr!) und von hier über den breiten Forstweg am Gehöft Holdertal vorbei nach Kampidell (1482 m). Nach einem kurzen letzten Aufstieg zum Lanzenschuster zurück. Gehzeit ca. 3–4 Stunden.
- Eine Wanderung von gut einer Stunde führt vom Lanzenschuster (1518 m) zur einsam in exponierter, aussichtsreicher Höhenlage stehenden Kirche zum hl. Jakob auf Langfenn (1526 m). Das Kirchlein stammt aus dem 13. Jh. und kann besichtigt werden.

Berggasthaus Lanzenschuster
Fam. Pircher
Flaas Nr. 48
39050 Jenesien
Tel. 0471 340012
lanzenschuster@rolmail.net
www.lanzenschuster.com

50 Plätze in drei teilweise getäfelten Stuben, auf der Terrasse vor dem Haus finden an einfachen Bänken und Tischen ungefähr 100 Personen Platz.

Von April bis November geöffnet, im Winter nur samstags und sonntags. Durchgehend warme Küche, kein Ruhetag.

26 GASTHAUS MESSNER

Das behagliche und ursprüngliche Bauerngasthaus liegt idyllisch inmitten von Obst- und Kastanienbäumen auf der kleinen Hochfläche von Glaning (760 m) neben der Kirche zum hl. Martin. Durch die Nähe zu Bozen trifft man hier an Sonn- und Feiertagen viele Einheimische, die Erholung vom Trubel der Stadt suchen. Besonders reizvoll ist es im Spätherbst oder an sonnigen Wintertagen in der alten, verglasten Veranda. Vor dem Haus befindet sich ein Kinderspielplatz, auf der großen windgeschützten Liegewiese aalen sich gern die Sonnenanbeter. Neben dem Messner gibt es in der Gegend noch eine Reihe anderer empfehlenswerter Ausflugslokale: zum Beispiel den Noafer und den Plattner.

Essen Trinken

Die Küche bietet gute Hausmannskost; an Sonntagen bereiten die Wirtsleute fast immer Gulasch und gebratene Rippchen zu, die mit Speck-, Käse- oder Schwarzplenten-Knödeln serviert werden. Besonders beliebt sind die Omeletts, sehr gern bestellt werden die vielen Mehlspeisen: Käsesahne- oder Kastanientorte, Roulade, süße Krapfen und natürlich der Apfelstrudel. Zur Verdauung hilft dann der „Nusseler“. Im Herbst kommen viele Gäste zum Törggelen, denn hier gibt es nicht nur gebratene Kastanien, sondern auch Hauswürste mit Kraut, Selchkarree und den „Nuien“, aber auch andere rote und weiße Eigenbauweine. Mittlere Preislage.

Wie kommt man hin?

Von der Straße nach Jenesien zweigt eine schmale, 2,5 km lange, asphaltierte Straße Richtung Glaning ab.

Gasthaus Messner
Fam. Burger
Glaning 3
39050 Jenesien
Tel. 0471 281353

In der Stube 30, in der Veranda 70 und auf der Terrasse bzw. im Garten unter Weinlauben 70 Plätze.

Von Mitte Juli bis Mitte September geschlossen. Durchgehend warme Küche, Montag Ruhetag.

Sehens- und Wissenswertes

- Die Burgruine Greifenstein (751 m), im Volksmund „Sauschloss“ genannt, thront auf den Felszacken über dem Etschtal oberhalb von Siebeneich. Vom Messner braucht man eine knappe Gehstunde dorthin; der Weg ist mehr oder weniger eben und bequem, ein idealer sonniger Spaziergang. Die Ruine selbst sollten allerdings nur trittsichere und schwindelfreie Besucher erklimmen.
- Das Kirchlein neben dem Messner ist dem hl. Martin sowie den Ärzteheiligen Kosmas und Damian geweiht. Am 11. November wird Martini gefeiert, dann kommen nach der Messe im Gasthaus Messner die Kirchgänger aus den umliegenden Dörfern und Weilern zusammen. Am 26. September findet der Kirchtag von Kosmas und Damian statt.
- Unten im Tal, bei Moritzing, gab es in vorrömischer Zeit in der Nähe von inzwischen versiegten Schwefelquellen einen heidnischen Kultplatz. Auf einer Anhöhe oberhalb von Moritzing entstand in christlicher Zeit ein Kirchlein, worin die Heiligen Kosmas und Damian verehrt wurden. Später hat man die Reliquien in die Martinskirche nach Glaning gebracht: Dadurch kam dieses unter die Schirmherrschaft von gleich drei Heiligen.

Wanderungen

- Eine klassische Winterwanderung startet am Grieser Platz (275 m) und führt über die mit subtropischen Pflanzen gesäumten Serpentinen der Guntschnapromenade, später über einen steilen Waldweg nach Glaning (760 m); ca. 1½ Stunden Gehzeit.
- Kürzer und weniger steil ist Weg Nr. 5, der ab der Abzweigung von der Jenesier Straße, bzw. vom Parkplatz (642 m) nach dem Tunnel, neben und auf dem Fahrweg verläuft. Gehzeit zum Messner: eine Dreiviertelstunde.

27 GASTHAUS UNTERWEG

Der Name trügt – das Haus liegt oberhalb der wenig befahrenen, schmalen Straße, die von Bozen aus zum Weiler Afing führt. Das war aber nicht immer so, denn vor der Erneuerung des alten Saumwegs ins Sarntal stand das Haus „Unterweg" wirklich unterhalb des Weges. Der Gasthof ist außen eher unscheinbar, drinnen wartet er jedoch mit einer schönen getäfelten Zirbelstube auf. Besonders angenehm ist es hier im Hochsommer, wenn der frische Wind aus dem Sarntal auf der Terrasse Kühlung bringt. Wer zu Mittag einen der begehrten Plätze auf der Sonnenterrasse ergattern will, sollte entweder früh kommen oder reservieren.

Essen Trinken

Die Küche bietet unter der bewährten Regie von Frau Furggler herzhafte Hausmannskost. Zu jeder Jahreszeit zu empfehlen sind das dünn geschnittene Rindsgeselchte – als Vorspeise oder Marende – und die Buchweizenkuchen als Dessert. Während der Spezialitätenwoche im März wird nach den Rezepten der „alten Südtiroler Bauernkuchl" gekocht: Schwarzplenten-Knödel, Schwarzplenten-Ribl, Erdäpfelblattln mit Kraut, Bauernbratl oder Schlutzer. Doch auch während des ganzen Jahres stehen diese traditionellen Gerichte manchmal auf dem Speiseplan. Berühmt sind die lockeren Speckknödel, bei denen mit Eiern und gutem Speck nicht gespart wird. Im Sommer baut der Wirt im Garten den Grill auf und verwöhnt die Gäste mit Fleisch und Gemüse. Im Herbst gibt es frische hausgemachte Schweinswürste mit Kraut, gebratene Kastanien oder Krapfen. Zur Verdauung hilft der gute Zwetschkenschnaps. Eigenbauwein weiß und rot.

Unterkunft

Es stehen sechs einfache Gästezimmer mit insgesamt zehn Betten zur Verfügung.

Wie kommt man hin?

Von der Landesstraße Bozen–Jenesien zweigt nach etwa 8 km die Straße nach Afing ab. Ihr entlang 3 km bis zum Parkplatz vor dem Gasthaus Unterweg.

Sehens- und Wissenswertes

- Von der Straße nach Jenesien lohnt der Abstecher zur mächtigen Burgruine Rafenstein mit dem daneben liegenden Gasthaus und imposanter Aussicht auf Bozen.
- Die Straße führt vom Unterweg noch weiter nach Afing und bis zu den Schmalzhöfen am Rande der Sarner Schlucht. Vor langer Zeit, bevor die Talstraße ausgebaut wurde, musste jeder, der ins Sarntal wollte, am Unterweg vorbei. Es ging über Afing und über das Marterloch – einem finsteren Talgraben – bis Bundschen, wo eine Brücke über die Talfer führte und der Weg endlich breiter und ebener wurde. Auf dem schmalen und gefährlichen Weg waren die Samer mit ihren Lastenpferden und die Kraxentrager unterwegs.

Wanderungen

- Eine Seilbahn bringt den Wanderer von Bozen (Talstation am nördlichen Stadtrand Bozens nahe dem Eingang ins Sarntal) bequem nach Jenesien. Von der Bergstation (1026 m) ist es zu Fuß eine gute Stunde bis zum Gasthaus Unterweg (889 m). Zunächst auf Weg 3A in Richtung Dorf zum Gasthof Jenesien, dann weiter über Äcker und Wiesen und schließlich durch einen im Herbst wunderschön gefärbten Mischwald stetig bergab. Fahrplan des Linienbusses Afing–Jenesien–Bozen unter der kostenlosen Grünen Nummer: 800 846047

Gasthaus Unterweg
Fam. Furggler
Afinger Weg 9
39050 Afing/Jenesien
Tel. 0471 354273

Drinnen 50 Plätze, draußen 40.

Ganzjährig geöffnet. Mittags und abends warme Küche, am Nachmittag kleine Mahlzeiten und Kuchen, Mittwoch Ruhetag.

28 GASTHAUS SCHLOSS RAFENSTEIN

Das Gasthaus liegt auf 675 m am nördlichen Berghang des Bozner Talkessels, direkt neben der weithin sichtbaren Burgruine, die einst den Zugang ins Sarntal bewachte. An der Wand der alten Stube hängt der gerahmte Stammbaum der Familie Unterkofler.

Essen | Trinken

Schloss Rafenstein ist Treffpunkt sonnenhungriger Bozner. Die einfachen Tische und Stühle auf der Terrasse sind schon an den ersten warmen Frühlingswochenenden mittags voll besetzt. Bereits Ende März blühen im Schutz der Mauern die Mandelbäume, hier oben gedeihen aber auch Feigen und Oliven.
Von der Terrasse bietet sich eine beeindruckende Aussicht auf Bozen und das breite Etschtal sowie auf die nahen Weinberge von Sand und St. Georgen. Auf Rafenstein werden selbst ein weißer und ein roter Eigenbauwein gekeltert; hausgemacht sind auch die Torten, Kuchen und Krapfen. Zu empfehlen sind die Milzschnittensuppe, das gemischt-gekochte Tellerfleisch und die riesigen Wiener Schnitzel. Meist gibt es auch Erdäpfelblattln mit Kraut. Im Herbst ist Törggelezeit. Dann werden Kraut und Schweinernes, gebratene Kastanien sowie der neue und süße Eigenbauwein aufgetischt.

Wie kommt man hin?

Von der Landesstraße Bozen–Jenesien biegt 500 m nach der Abzweigung nach St. Georgen (5 km ab Bozen) nach rechts (kleines Schild) die schmale, 1 km lange Zufahrtsstraße zur Burgruine ab.

Sehens- und Wissenswertes

Die Ruine von Schloss Rafenstein wird bei Redaktionsschluss saniert und ist nicht zugänglich. Sie stammt aus dem 12. Jh. und war lange im Besitz der Grafen von Wolkenstein, später gehörte sie den Grafen Toggenburg und heute der Familie Unterkofler, die das Gasthaus führt.

Wanderungen

Zum Schloss und Gasthaus Rafenstein (675 m) wandert es sich am besten im Frühjahr oder im Herbst. Auf einer steilen, schweißtreibenden Asphaltstraße dauert es eine knappe Stunde; Ausgangspunkt ist die Talstation der Seilbahn nach Jenesien am nördlichen Stadtrand von Bozen (315 m). Wer nicht steil bergauf gehen will oder kann, fährt mit der Seilbahn nach Jenesien (1026 m) und nimmt von dort den gut markierten Weg (2B, 2), der in ca. 45 Minuten zum Gasthaus hinunterführt.

Eine Wanderung von ca. 4–5 Stunden beginnt an der Bergstation der Jenesier Seilbahn (1026 m). Auf dem markierten Wanderweg (3A) geht es erst zum Gasthaus Unterweg (889 m), weiter zu den Goldegghöfen (620 m) und dann den Hang entlang (Nr. 4) nach Rafenstein (675 m). Dieser letzte Teil des gesicherten Steigs führt durch steiles und zum Teil recht unwegsames Gelände, bietet aber auch imposante Ausblicke auf die tief unten liegende Sarner Schlucht. Der Weg ist nur geübten und schwindelfreien Wanderern zu empfehlen. Zuletzt auf dem asphaltierten Fahrweg steil hinunter zur Talstation der Seilbahn (315 m) in Bozen.

Gasthaus Schloss Rafenstein
Hildegard Unterkofler
Rafensteiner Weg 38
39100 Bozen
Tel. 0471 971697

Im Garten 50 Plätze, in den beiden Stuben – eine davon mit der Patina der alten Zeit und einem gemauerten Bauernofen 60.

Von Juli bis Anfang September geschlossen, warme Küche mittags sowie am Samstag und Sonntag bis 22 Uhr; Dienstag Ruhetag.

29 BURGSCHENKE SCHLOSS RUNKELSTEIN

Am Eingang zum Sarntal thront Schloss Runkelstein. Die zinnengekrönte mittelalterliche Anlage war Ritterfestung, Wohnschloss reicher Bozner Bürger sowie gelegentlicher Wohnsitz Kaiser Maximilians (gegen 1500), um dann allmählich zur Ruine zu verfallen. Kaiser Franz Joseph ließ die Burg teilweise wieder aufbauen und schenkte sie 1893 der Stadt Bozen, die sie in den letzten Jahren mustergültig renovierte. Im Burghof hat die alte Burgschenke wieder ihre Tore geöffnet und lädt zu Rast und gutem Essen ein.

Essen | Trinken

Ganz bewusst serviert die Küche traditionelle einfache Südtiroler Kost: Knödel in der Suppe oder als Beilage zu Salaten oder Braten, Kasnocken, Spinat- und Pilzknödel, Schlutzkrapfen, Bauerngröstl, Tellerfleisch mit Meerrettich. Dazu der Jahreszeit angepasste Gerichte: im Frühjahr Spargel und Lamm, im Sommer leichte Grillgerichte und Salate, im Herbst auch Wild- und Törggelespezialitäten wie Hauswurst, Selchkarree oder üppige Schlachtplatten, geröstete Kastanien und neuer Wein sowie zum süßen Schluss Bauernkrapfen mit Mohn oder Kastanienfüllung. Auf Vorbestellung werden für Gruppen mittelalterliche Essen veranstaltet, mit kulturellen Einlagen und Speisen nach alten Rezepten, rigoros ohne Kartoffeln und Ketchup (die gab es zu Ritters Zeiten noch nicht!)

Wie kommt man hin?

Die Burg liegt am Nordrand von Bozen am Eingang zum Sarntal. Städtische Buslinie 12, an Wochenenden ab dem Waltherplatz Gratis-Zubringer-Bus. In jedem Fall kurzer Aufstieg auf steilem Pflasterweg.

Sehens- und Wissenswertes

- Schloss Runkelstein wurde um 1237 errichtet, im 14. Jh. umgebaut und mit Profanfresken ausgestattet. Die sogenannten Triaden stellen Abbildungen von jeweils drei Helden, Frauen, Riesen, Königen dar. Einmalig auch die Szenen vom Leben der Ritter und Damen am Hofe, bei Gesellschaftsspielen, Turnieren und bei der Jagd, sowie ein Tristan-Zyklus. Heute präsentiert sich Runkelstein als glanzvolle höfische Wohnburg des Mittelalters und als Musterbeispiel einer romantischen Ritterburg auf einem schroffen Felssporn, umspült von der schwer zu zähmenden Talfer. Im Burghof gibt es immer wieder kulturelle Veranstaltungen, im Nordtrakt finden Ausstellungen einen würdigen Rahmen. Zu besichtigen: Dienstag bis Sonntag von 10 bis 18 Uhr (letzter Einlass: 17.30 Uhr). Infos: Tel. 0471 329808, www.runkelstein.info

Wanderungen

- Vom Stadtzentrum aus ist Runkelstein zu Fuß in 45 Minuten erreichbar. Der Weg führt über die Wassermauerpromenade und auf einem neu angelegten Fuß- und Radweg die Talfer entlang; am Ende ist ein kurzer Aufstieg auf steilem Pflasterweg zu bewältigen.
- Eine „richtige“ Wanderung bringt einen von der Oswaldpromenade ab St. Oswald (280 m) über das ehemalige Gasthaus Peter Ploner (549 m) zum Weindörfchen St. Peter (367 m) und von hier über eine neu trassierte Promenade nach Runkelstein. Gehzeit 2 Stunden. Es ist dies der letzte Abschnitt des „Keschtnwegs“, der von Vahrn nach Bozen führt.

Burgschenke Schloss Runkelstein
Kaiser-Franz-Josef-Weg
39100 Bozen
Tel. 0471 324073

In zwei Räumen Platz für 65 bzw. 40 Personen; im Burghof für bis zu 140.

Ganzjährig von 10 bis 18 Uhr geöffnet, bei Vorbestellung am Abend auch längere Öffnungszeiten. Montag Ruhetag.

30 GASTHAUS MESSNERHOF

Auf dem Höhenrücken, der das Sarntal vom Durnholzer Tal trennt, liegt inmitten von Wiesen beherrschend der Messnerhof (1254 m) und blickt weit nach Süden über das Sarntal; daneben steht die kleine Kirche St. Valentin.

Essen | Trinken

Für die Küche ist Anna Götsch zuständig, ihr Mann kümmert sich um die Landwirtschaft, die erwachsenen Kinder helfen mit, wenn Not am Mann ist. Im Sommer sind einfache Gerichte wie Speck-, Spinat- und Käseknödel sowie die Gerstsuppe und Pilze mit Polenta die Renner auf der Speisekarte. An den Wochenenden werden Sarner Spezialitäten serviert, zum Beispiel „Striezel" – das sind gebackene Roggenmehlfladen mit Schnittlauch, zu denen meistens Speck gegessen wird; sie schmecken aber auch in der Fleischsuppe ganz köstlich. An Sonn- und Feiertagen kommt ein kräftiger Braten auf den Tisch.

Unterkunft

Vier freundliche, einfache Gästezimmer mit insgesamt zehn Betten.

Wie kommt man hin?

Von der Straße nach Durnholz zweigt eine 1,5 km lange, gut beschilderte, zwar schmale, aber asphaltierte Straße zum Gasthaus ab.

Sehens- und Wissenswertes

- Gleich neben dem Haus steht das Kirchlein zum hl. Valentin, der wohl älteste Kirchenbau im Sarntal. Das von außen unscheinbare Gebäude mit dem kurzen hölzernen Turm weist einen romanischen Grundriss mit der typischen Rundapsis nach Osten auf. In der Apsis Fresken mit der Darstellung Christi und der Apostel, im Chor Fresken aus der Gotik. Rührend die Szene, in der Maria von einem Engel (mit Lilie) und einer Taube die Empfängnis Jesu verkündet wird; Jesus ist als betendes Baby in einer Mandorla dargestellt.
- Im Sarntal ist das traditionelle Handwerk noch immer lebendig: Hier nähen die Frauen Pantoffeln, die sogenannten „Patschn", verzieren Federkielsticker Trachtengürtel, Hosenträger und Kleinlederwaren. Der Regglmacher formt wunderschöne Kurzpfeifen – das „Reggele" – aus Wurzelholz und ziseliertem Metall. Aus dem harzigen Zirbelholz fertigt der Drechsler Teller, Schüsseln und andere Gebrauchsgegenstände. In mehreren Betrieben wird aus der Latschenkiefer das in Medizin und Kosmetik geschätzte Latschenkiefernöl destilliert. Infos über Einkaufsmöglichkeiten gibt das Tourismusbüro in Sarnthein: Tel. 0471 623091.

Wanderungen

- Der Messnerhof ist in einer schönen Wanderung erreichbar, die am Parkplatz bei der Feuerwehrhalle in Astfeld (1014 m) beginnt und auf dem alten Kirchweg über Wiesen zum Gasthaus (1254 m) führt. Für diesen Spaziergang ist ungefähr eine Dreiviertelstunde zu veranschlagen.
- Wer die Leiter- (2375 m) und die Radelspitze (2422 m), die sich im Rücken des Messnerhofs aufbauen, besteigen will, benötigt vom Messnerhof aus ca. 2–3 Stunden (Weg Nr. 17). Auf der Genteralm (im Sommer geöffnet), eine Dreiviertelstunde vor dem Ziel, gibt es die Möglichkeit einer Stärkung für den Gipfelsturm. Als Lohn winkt eine herrliche Aussicht.

Gasthaus Messnerhof
Fam. Götsch
St. Valentin,
Gentersberg Nr. 5
39058 Sarnthein
Tel. 0471 623241

Drinnen 40 Plätze, auf der Terrasse vor dem Haus, unter alten Birnbäumen bzw. auf der Wiese neben der Kirche 50.

Von Ostern bis Allerheiligen geöffnet, Mittwoch Ruhetag.

31 PFARRGASTHOF

Die weitgehend unberührte Landschaft und die gelebte Tradition machen das Sarntal zum Geheimtipp. In einem Seitenarm liegt das Dörfchens Durnholz mit seiner gotischen Kirche, einem romantischen See – und unserem Ziel: dem Pfarrgasthof.

Essen Trinken

Seit fast vierzig Jahren bewirtschaftet die Pächterfamilie Innerebner das traditionsreiche Gasthaus. Abgesehen von der Chefin, Roswitha, helfen in der Hauptsaison, im Sommer, noch vier Töchter mit; der Pfarrgasthof ist also eine echte Frauendomäne. Neben klassischen Tiroler Gerichten wie Milzschnittensuppe, Knödel und Omeletts spielen Wildgerichte die erste Geige: etwa Hirschgulasch oder Bandnudeln mit Wildragout. Der Speck auf dem Jausenbrettl wird bei einem Bauern geselcht. Beliebt sind während der sommerlichen „Zeit der Gaumenfreuden", dem „Morgreti-Essn", die Knödelvariationen: Pfifferling-, Brennnessel-, Basilikum-, Rauke-, Kresse-, Käse-, Speck-, Buchweizen- und süße Marillenknödeln. Apfelstrudel und Kuchen – von der Käsesahne-, über die Schwarzwälder-Kirsch- bis zur Himbeertorte – runden das Angebot ab.

Wie kommt man hin?

Bei Astfeld (4 km nach Sarnthein) die Abzweigung nach Durnholz nehmen und weitere 12 km bis zum Parkplatz am Ende der Straße fahren. Ein Steig führt über den Bach und in wenigen Minuten hinauf zum Wirtshaus neben der Kirche.

Sehens- und Wissenswertes

- Wie kam das Pfarrgasthaus zu seinem Namen? Vor dem Aufkommen des Tourismus entstanden an den wichtigen Reiserouten Gasthäuser oder Herbergen als Unterkunft für fahrende Pilger, Soldaten, Beamte und Kaufleute. Auf den Nebenstrecken, insbesondere in den abgelegenen Tälern, waren die Gasthäuser dünn gesät. Dort betrieb mitunter der Pfarrer eine Herberge oder ein Gasthaus, oft mit dem Hintergedanken, dem unmäßigen Trinken, Spiel und Tanz einen Riegel vorzuschieben. So entstand auch in Durnholz das Pfarrgasthaus; es ist nach wie vor im Besitz der Kirche. Das Gebäude stammt angeblich aus dem 13. Jh.
- Die Durnholzer Kirche ist aufgrund ihrer kürzlich freigelegten gotischen Freskenzyklen von 1430 unbedingt zu besichtigen; sie zeigen die Christuspassion sowie die Vitus- und Nikolauslegende. Stimmungsvoll ist auch der Friedhof mit den schmiedeeisernen Grabkreuzen und dem Blumenschmuck mit Edelweiß.

Wanderungen

- Von Durnholz (1558 m) führt ein wunderbarer Weg (Markierung Nr. 4) in leichtem Auf- und Ab über Wiesen und durch Wald, an Bauernhöfen vorbei, der westseitigen Talflanke entlang nach St. Valentin und Astfeld. Für die 12,5 km lange Strecke sind 3,5 Stunden einzuplanen.
- Wem obige Wanderung zu lang ist, der spaziert einfach auf dem Seerundweg in 45 Minuten um den See. Der Weg, teils ein Waldsteig, ist eben, Bänke laden zur Rast ein.
- Vom Gasthaus aus führt außerdem ein kurzer, ebener Wiesenweg (Nr. 4) in 10 Minuten zur romantisch und aussichtsreich am Hang gelegenen, kürzlich renovierten Kapelle Maria Trost beim Wegmann-Hof.

Pfarrgasthof Durnholz
Fam. Innerebner
Durnholz
39058 Sarntal
Tel./Fax 0471 625142

Große, sonnige Veranda mit 60 Plätzen, in der alten Stube mit gemaltem Getäfel 15, in neuen Stübele 14 Plätze, auf der Gartenterrasse ist Platz für 40 Personen.

Ganzjährig geöffnet, Donnerstag Ruhetag.

32 PATSCHEIDERHOF

Auf den nach Bozen abfallenden Ausläufern des Rittner Sonnenhangs liegt der Patscheiderhof (760 m), ein traditionsreicher Bauernhof und Buschenschank an der Grenze des Weinbaugebiets, das über St. Justina bis zur Streusiedlung Signat auf diese Höhe klettert. Der Hügel und der Nachbarhof heißen „Burgstall", was auf eine uralte befestigte Wallburg, eben ein Burgstall, hinweist. Die Dolomiten liegen vor diesem Aussichtspunkt wie auf einem Präsentierteller.

Essen | Trinken

Der Buschenschank hat sich schon längst zu einem weitum bekannten Restaurant gemausert. Luis Rottensteiner – der Küchenchef – hat sein Handwerk von der Pike auf gelernt, was seiner Speisekarte anzumerken ist: Da sind neben Schlutzkrapfen, Milzschnittensuppe, Leber- und Speckknödeln auch ein Nockenteller mit Rohnen-, Spinat- und Käsenocken, geschmorte Kalbswangen sowie Lamm oder Spanferkel aus dem Rohr zu finden. Sehr geschätzt werden der Mohn- und Kastanienkuchen. Frau Edith und Schwester Greti verwöhnen die Gäste im Service, Neffe Tobias hat die Obst- und Weinbauschule besucht und kümmert sich fachmännisch um den Wein. Er sorgt für eine kleine Auswahl an guten Flaschenweinen. Die offenen Schankweine, ein roter Vernatsch und der weiße Sylvaner und Müller Thurgau, sind selbst gekeltert. Die Preise sind dem hohen Niveau der Küche angemessen.

Wie kommt man hin?

Von Bozen 2 km auf der Rittner Straße, dann links nach Signat abbiegen; 3 km auf der Signater Straße, beim Jendlhof links auf einen Feldweg einbiegen und eben 300 m zum Patscheider.

Patscheiderhof
Fam. Rottensteiner
Signat 178
39059 Ritten
Tel. 0471 365267
patscheiderhof@rolmail.net
www.patscheiderhof.com

Innen 35 Plätze, auf der geschützten Sonnenterrasse mit Rosengartenblick 70. Der Platz in der antiken holzgetäfelten Stube ist beschränkt, Reservierung angeraten.

Ganzjährig geöffnet, zwischen Dreikönig und Ende Januar sowie im Juli geschlossen, Dienstag Ruhetag.

Sehens- und Wissenswertes

- Vom Patscheider geht der markierte Kirchsteig in 20 Minuten gemächlich aufwärts zur kleinen Kirche von Signat. Sie ist dem hl. Martin geweiht; am 11. November wird hier ein Kirchweihfest abgehalten.
- Der Ritten ist nicht zuletzt wegen der besonderen Erosionsformen der Erdpyramiden bekannt. Man findet sie bei Lengmoos, Unterinn und eben in der Signater Gegend. Vom Patscheider führt über Signat der „Pyramidenweg" zum Katzenbach, wo die Erdtürmchen mit dem steinernen Hut stehen.

Wanderungen

- Ein einfacher, bequemer Weg verläuft vom Unterinner Hof (770 m) an der Rittner Straße in einer Stunde zum Patscheider (760 m).
- Ein sonniger Herbstspazierweg beginnt an der Kirche St. Sebastian in Unterinn (911 m) – hierher Busverbindung von Bozen aus – und geht über den sogenannten Ketschnweg zum Partschunerhof (996 m, einfache Einkehr, tolle Aussicht) und weiter nach Signat (843 m) bzw. zum Patscheider (760 m). Zurück auf Weg Nr. 31 zum Unterinner Hof (770 m) an der Rittner Straße und mit dem Bus nach Bozen. Gehzeit 2–3 Stunden.
- Von Bozen mit der Umlaufbahn nach Oberbozen. Von dort mit der Schmalspurbahn nach Wolfsgruben (1204 m) und dann zu Fuß über den Signater Kopf (1264 m) zum Partschunerhof (996 m, einfache Einkehr) und weiter zum Patscheider (760 m). Gehzeit ungefähr 2–3 Stunden. Zum Teil ist der Weg recht steil. In einer Stunde gelangt man vom Patscheider zum Unterinner Hof (770 m) an der Rittner Straße; von dort mit dem Bus zurück nach Bozen.

33 GASTHAUS LOBISHOF

Auf 1265 m Meereshöhe, mitten auf dem Rittner Hochplateau, liegt der behäbige Bauern- und Gasthof Lobis. Nach Westen hin öffnet sich der Blick auf die Meraner und Vinschgauer Berge, nach Norden auf die vergletscherten Gipfel der Zillertaler Alpen. Von Wald und Wiesen umgeben und fernab vom nächsten Dorf, ist der Lobishof eine lohnende Einkehrmöglichkeit und ein beliebtes Ausflugsziel von Familien mit Kindern, die hier auf dem Spielplatz nach Herzenslust tollen und die Ziegen, die Schafe, das Pony und die Enten im Teich (wenn sie nicht der Fuchs stibitzt hat) beobachten können.

Essen | Trinken

Der Lobishof ist für seine gute Hausmannskost bekannt: Das Gemüse aus dem Garten, der Speck und die Würste aus der eigenen Räucherkammer, die hausgemachten Kuchen und Krapfen und die Früchtebecher mit frischen Waldbeeren schmecken hungrigen Wanderern. Als Durstlöscher gibt es Fassbier, verschiedene selbst gemachte Säfte, einfache weiße und rote Schankweine sowie eine kleine Auswahl an Flaschenweinen.

Unterkunft

Übernachten kann man in Ferienwohnungen mit zwei bis sechs Betten. Mittlere Preislage.

Wie kommt man hin?

Von Oberbozen führt eine 3 km lange, asphaltierte Zufahrt zum Lobishof. Wanderer benötigen für den Spaziergang auf markierten Wegen ab der Seilbahnstation Oberbozen etwa eine Stunde.

Sehens- und Wissenswertes

- Über Jahrhunderte war der Ritten nur auf schmalen, steilen Karrenwegen zu erreichen. Erst 1907 wurde eine Zahnradbahn von Bozen nach Maria Himmelfahrt mit anschließender Schienenbahn bis Klobenstein gebaut. Letztere verkehrt noch heute im Abschnitt Maria Himmelfahrt–Klobenstein. Sehr zur Freude von Einheimischen und Fremden sind neben modernen Wagen teilweise auch noch die alten holzverkleideten Garnituren im Einsatz.
- Das Bienenmuseum im 500 Jahre alten Plattnerhof in Wolfsgruben zeigt nicht nur anhand bewohnter Bienenstöcke den Fleiß der Honigbienen, sondern auch authentische bäuerliche Kultur und Lebensart. Geöffnet von Ostern bis Oktober täglich von 10 bis 18 Uhr. Infos: Tel. 0471 345350

Wanderungen

- Von Lengmoos (1150 m) aus bietet sich ein bequemer Spaziergang (Nr. 24) zu den berühmten Erdpyramiden (1000 m) im Finsterbachgraben an. 1 Stunde Gehzeit hin und zurück.
- Der klassische Rittner Wanderweg beginnt in Oberbozen am Dorfplatz (1200 m), führt dann zum Zaggler Moos (ehem. Gasthaus Berger) und entlang der Markierung 16 (blau) zum Lobishof (1265 m). Von hier aus geht es auf Weg Nr. 18 weiter zum Rigger Moos (1320 m) und auf Weg Nr. 6 zurück nach Oberbozen. Gehzeit ca. 4 Stunden.
- Vom Lobishof gelangt man auf dem Schelmsteig (Nr. 32, blau) nach Oberinn (1300 m) und von dort aus nach Oberbozen (Weg 16). Gehzeit ca. 4 Stunden.

Gasthaus Lobishof
Fam. Ramoser
Stauseeweg 8
39059 Ritten
Tel./Fax 0471 345097
info@lobishof.com
www.lobishof.com

In den Stuben und im Speiseraum gibt es 60 Plätze, an Tischen und Bänken auf der Wiese vor dem Haus 80.

Von Ostern bis November geöffnet, durchgehend warme Küche bis 18 Uhr, am Abend auf Vorbestellung. Mittwoch Ruhetag.

34 PFOSHOF

Auf einer sonnigen Anhöhe oberhalb von Lengmoos liegt der Pfoshof (1230 m), in Waldnähe, inmitten sanfter Wiesen mit dem mächtigen Schlern zum Greifen nahe. Der Bauernhof wurde in ein rustikales Restaurant mit Aussichts- und Sonnenterrasse umgewandelt. Das alte Stubengetäfel trägt die Jahreszahl 1802. Die Wirtschaft wird von Feriengästen wie Einheimischen gleichermaßen gern aufgesucht, mehrere Wanderwege führen nahe daran vorbei; für die Kleinen gibt es ungefährliche Auslaufsmöglichkeiten und einen Kinderspielplatz.

Essen | Trinken

In der Küche zaubert Frau Monika heimische Spezialitäten. Viel Gemüse stammt aus dem eigenen Garten, das Rindfleisch vom Bauernhof. Herrlich ist die Weintorte. Im Sommer kommt schon mal Ausgefalleneres wie Teigtaschen mit Karfiol (Blumenkohl) oder Kürbisravioli auf die Karte. Für die Kleinen gibt es Kinderteller, zur Törggelezeit wird eine besondere Speisekarte zusammengestellt. Die gut bestückte Weinkarte lässt kaum Wünsche offen.

Wie kommt man hin?

Von Klobenstein auf der Straße in Richtung Rittner Horn fahren. Nach einem Kilometer zweigt in einer Linkskehre rechts die gut beschilderte Zufahrt zum Pfoshof ab.

Sehens- und Wissenswertes

Vor undenklichen Zeiten, als der Weg durch die enge und gefährliche Schlucht des Eisacktals noch nicht ausgebaut war, führte der gesamte Verkehr über den Ritten auf der historischen Trasse der „Kaiserstraße". An dieser alten Straße, in Lengmoos, errichtete der Deutsche Ritterorden um 1200 ein Hospiz, die Kommende. Der barocke, reich ausgestattete Bau ist auch Austragungsort der Rittner Sommerspiele und anderer kultureller Veranstaltungen. Besichtigung und Führung sind über das Tourismusbüro zu vereinbaren, Tel. 0471 356100.

Wanderungen

Der Pfoshof ist Ausgangspunkt schöner Wanderungen. Ein lohnender Spaziergang streift so manche Rittner Sehenswürdigkeit: Vom Bahnhof in Klobenstein (1182 m) zuerst zum Pfoshof (1230 m) und weiter in den Finsterbachgraben zu den berühmten Erdpyramiden und zum Kirchlein Maria Saal (1177 m) mit interessanter Muttergottes-Darstellung mit einem großen Regenschirm: „Unter Deinen Schutz und Schirm ..." Von dort geht es wieder über die Promenade nach Lengmoos und schließlich zum Bahnhof Klobenstein zurück. Zwischen Maria Himmelfahrt und Klobenstein verkehrten (neben den modernen Zügen) auch zeitweise noch die historischen Garnituren – sie lassen die Herzen der Kinder und Eisenbahnnostalgiker höher schlagen.

Pfoshof
Fam. Gamper
Oberlengmoos 5
39054 Lengmoos/Ritten
Tel. 0471 356723
pfoshof@dnet.it

In den drei Stuben 70 Plätze, auf der Terrasse 80.

Von März bis Ende November geöffnet, Dienstag Ruhetag.

35 GASTHOF ZUNER

Auf einer Felskuppe hoch über dem unteren Eisacktal ragt die kleine St.-Andreas-Kirche auf, deren schlanker Kirchturm schon von weitem sichtbar ist. Unmittelbar daneben befindet sich der Zuner, ein bereits im 12. Jh. urkundlich erwähnter Bauernhof und ein gemütliches, ursprünglich belassenes Gasthaus. Die bei archäologischen Grabungen gefundenen bronzezeitlichen Funde lassen auf eine vorgeschichtliche Kult- und Siedlungsstätte schließen.

Essen | Trinken

Der Zuner ist zur Törggelezeit ein sehr beliebtes Gasthaus und also vor allem im Herbst gut besucht. Neben den üblichen Törggelegerichten – „nuier" Wein, gebratene Kastanien und Schlachtplatten – gibt es herzhafte Hausmannskost. Gerne wird ein Tris, ein Dreierlei aus hausgemachten Schlutzkrapfen, Käse- und Steinpilzknödeln, bestellt oder Rohnenknödel auf Meerrettichsoße. Auf Vorbestellung werden Schweinshaxen oder Hirschgulasch mit Kastanienspatzln serviert. Zum Nachtisch empfehlen sich der Strudel oder die Krapfen. Gegen den Durst stehen hausgemachter Apfel-, Himbeer- und Holundersaft zur Auswahl. Hier, wo sich die Hänge des Rittens ins Eisacktal senken und an diesen die Weinreben bis zum Zuner heraufreichen, wird auch ein süffiger Eigenbauwein, ein roter Vernatsch, angeboten. Nur im Herbst durchgehend warme Küche, am Abend nur bei Vorbestellung geöffnet.

Unterkunft

In den Ferienwohnungen finden neun Personen Platz.

Wie kommt man hin?

Von Klobenstein kommend folgt man nach dem Ortsende von Lengstein der gut ausgeschilderten, zwei Kilometer langen Straße hinunter bis zum Gasthaus.

Sehens- und Wissenswertes

- Eine Besichtigung der St.-Andreas-Kirche lohnt! Sie beherbergt ausdrucksstarke und wertvolle Fresken aus dem 15. Jh., die mit Mitteln der Messerschmitt-Stiftung und des Landesdenkmalamts freigelegt und vorbildlich restauriert wurden. Sehenswert sind auch die bemalten, dreieckigen Schlusssteine an den Rippen neben dem Triumphbogen.
- Wer noch eine Kirche besichtigen will, dem sei der Besuch der Wallfahrtskirche von Maria Saal angeraten, die nicht nur wegen ihrer herrlichen Lage und Aussicht interessant ist, sondern auch wegen eines Bildes, das die Gottesmutter Maria mit einem großen Schirm – unter dem die Gläubigen Schutz suchen und finden – darstellt. Man erinnere sich an den Spruch: „Unter deinen Schutz und Schirm …"

Wanderungen

- Am Zuner führt der Keschtnweg (mit dem Symbol der Kastanie ausgeschildert) vorbei. Er beginnt in Vahrn, zieht sich als Mittelgebirgsweg durchs Eisacktal, quert schöne Kastanienwälder und erreicht nach mehreren Tagesetappen Schloss Runkelstein bei Bozen.
- Eine bequeme Wanderroute verläuft von Lengstein (970 m) auf Weg 35A zum Braunhof (850 m), biegt dort nach Süden („Keschtnweg") zum Zuner (800 m) ab und führt von diesem über den romantischen Rautner Weiher nach Lengstein zurück. Dauer ca. 1–2 Stunden.
- Vom Zuner (800 m) kann man auf einem uralten Pflasterweg (Markierung 9) in einer guten halben Stunde ins Eisacktal nach Atzwang (368 m) absteigen und von dort mit dem Bus zurück nach Bozen fahren.

Gasthof Zuner
Fam. Öhler
39050 Lengstein/Ritten
Tel./Fax 0471 349006
info@zunerhof.com
www.zunerhof.com

In den Gaststuben 60, im Garten 40 Plätze.

Ganzjährig geöffnet, durchgehend warme Küche, Montag Ruhetag.

36 GASTHOF BAD ST. ISIDOR

Im Südosten von Bozen erhebt sich der bewaldete Buckel des Kohlerer Bergs. An seiner Flanke liegt am Rande einer weiten Wiese das Gasthaus Bad St. Isidor. Die Tradition der Heilbäder im eisenhaltigen Wasser der nahen Quelle ist in den 1930er-Jahren eingestellt worden, während sich der Gasthausbetrieb erhalten hat. Bad St. Isidor wird besonders im Sommer von den hitzegequälten Stadtbewohnern gerne besucht. Auf der Liegewiese rund um das öffentlich zugängliche Schwimmbad des Gasthofs lässt es sich herrlich faulenzen.

Essen Trinken

Seit 1983 führt die Familie Mayr den Gasthof. Peter Mayr steht in der Küche, seine Frau und die Töchter – mit entsprechender Fachausbildung – helfen mit. Im Sommer sorgt der große Grill im Freien für so beliebte und bekannte Gerichte wie die üppigen Grillteller und die ausladende Fiorentina, das T-Bone-Steak. Im Herbst ist Törggelen angesagt, mit Schlachtplatten, Schweinshaxen und Erdäpfelblattln mit Sauerkraut. Natürlich gibt's auch Speck-, Käse-, Rohnen- und Leberknödel sowie hausgemachte Schlutzkrapfen. Als Nachspeise werden köstliche Kuchen aufgetischt. Die Weine stammen vorwiegend aus Südtirol.

Unterkunft

13 schöne neue Zimmer mit 25 Betten.

Wie kommt man hin?

Ab der Talstation der Kohlerer Seilbahn 6 km auf schmaler, asphaltierter Straße.

Sehens- und Wissenswertes

- Zum Haus gehört eine kleine Kapelle aus dem 17. Jh., dem Bauernheiligen Isidor geweiht. Im Haus ist eine lustige Chronik über den Bau des Türmchens verwahrt: Nachdem im Ersten Weltkrieg die Kirchenglocken eingeschmolzen worden waren, da man das Metall benötigte, lieferte der italienische Staat nach dem Krieg zwei Glocken als Ersatz. Der Gasthofbesitzer fasste nun den Entschluss, einen Glockenturm zu bauen, der im Sommer 1931 eingeweiht wurde. Zitat: „Nachdem hierzulande ein kleines Räuschlein durchaus nicht als himmelschreiende Sünde gilt, brauchen sich die tapferen Erbauer auch nicht zu schämen, wenn in dieser Urkunde noch erzählt wird, dass sie während der Bauzeit ein ziemlich voluminöses Fäßlein Rebenblut leer getrunken haben". Und weiter: „... mögen die beiden Glocken immer nur von Frohsinn und Gemütlichkeit hier oben Kunde geben!"

- Die weltweit erste Schwebeseilbahn für Personentransport führte von Bozen nach Kohlern. 1908 konnten sechs Fahrgäste pro Kabine dieses viel bestaunte Transportmittel benutzen. Die moderne Nachfolgerbahn überwindet die 842 Höhenmeter in wenigen Minuten. Vom Aussichtsturm nahe der Bergstation herrlicher Ausblick auf die Dolomiten mit der Rosengartengruppe, die Hochflächen des Rittens und des Tschögglbergs, das Etschtal, Eisacktal und auf den Bozner Talkessel.

Wanderungen

- Von Bad St. Isidor (860 m) führt ein Waldweg (Markierung 1) in 45 Minuten hinauf nach Bauernkohlern (1136 m), so wird die Häusergruppe an der Bergstation der Kohlerer Seilbahn genannt. Auf Weg Nr. 1 geht es in weiteren 45 Minuten zu den Schneiderwiesen (1372 m), einem beliebten Ausflugsgasthaus auf einer weiten, ebenen Wiese.

Gasthof Bad St. Isidor
Fam. Mayr
Kampenn 31
39100 Bozen
Tel./Fax 0471 365263
info@badstisidor.it
www.badstisidor.it

In der Stube 40 Plätze, 60 im Wintergarten; weitere 60 auf der Panoramaterrasse.

Das Restaurant ist von Mitte März bis Mitte November geöffnet. Sonntag abends und Montag Ruhetag.

37 GASTHOF FRITSCHER

Im Südosten von Bozen erhebt sich steil der Höhenrücken Kohlern; an dessen Südflanke liegen auf den wenigen, nicht ganz so abschüssigen Rodungsflächen die Bauernhöfe des Weilers Seit und das gemütliche Berggasthaus Fritscher (823 m). Auf der sonnigen Terrasse, in der getäfelten Stube oder im hellen Speisesaal mit den großen Panoramafenstern kommt im Herbst bei Kastanien, Eigenbauwein und zünftiger Hausmannskost fröhliche Törggelestimmung auf.

Essen | Trinken

Beim Fritscher herrscht Arbeitsteilung: Seniorchef Toni und Frau Anna umsorgen die Gäste, der Sohn kümmert sich um die Landwirtschaft; sonntags packen auch die Jungen in der Wirtschaft an. Auf der Speisekarte stehen einfache Tiroler Gerichte, an Sonntagen fehlt nie der extra zarte Kalbsbraten. Für Wildgerichte ist Toni, der passionierte Jäger, zuständig. Der Garten liefert viel vom Gemüse, das auf die Teller kommt. Die Milch der Kühe wird nicht an die Molkerei abgegeben, sondern zu Butter verarbeitet oder im Gasthaus verbraucht. Die vorzüglichen Kuchen, darunter die Linzer- und die Buchweizentorte, die „Schwarzplentene", sollten Sie neben dem Strudel unbedingt probieren. Als Durstlöscher werden ein einfacher weißer und ein roter Eigenbauwein sowie Apfel- und Himbeersaft aus eigener Produktion angeboten.

Unterkunft

Im Sommer finden Gäste in acht einfachen Doppelzimmern Quartier.

Wie kommt man hin?

Die 6 km lange Zufahrtstraße nach Seit zweigt gleich südlich des Tunnels zwischen Bozen und Leifers von der Brennerstraße (SS 12) ab; nach 5,5 km Bergfahrt geht links die Zufahrt zum Fritscher ab.

Sehens- und Wissenswertes

- Wenige Gehminuten oberhalb vom Fritscher steht ein Ende des 19. Jh. erbautes Kirchlein; es ist dem Seligen Heinrich von Bozen geweiht – ein seltenes Patrozinium. Das einstige Widum und die ehemalige Volksschule werden von der Pfarre Leifers als Erholungszentren für Senioren sowie für Kinderferien genutzt.

Wanderungen

- Eine zwei- bis dreistündige Wanderung führt von Bozen-Haslach (260 m) zur Haselburg und mit toller Aussicht auf Bozen und das Unterland auf einem steilen, gepflasterten Weg, eine Felswand querend, weiter nach Seit zum Fritscher; von dort geht es teils auf Wanderwegen, teils auf der wenig befahrenen Straße hinunter ins Tal nach Steinmannwald und mit dem städtischen Bus (Linie 2) zurück nach Bozen.
- Eine anspruchsvolle und aussichtsreiche Wanderung, die am Fritscher vorbeiführt, folgt dem Leiferer Höhenweg. Für die 17 km lange Strecke, bei der es in ständigen Auf und Ab etliche Höhenmeter zu überwinden gilt, sollten 6 Stunden Gehzeit eingeplant werden. Von Leifers geht es zunächst ins Brantental, wo am Ende der Asphaltstraße ein Steig (Nr. 12) links abzweigt und entlang von Felsen, durch Schluchten, vorbei an Bauernhöfen und steilen Wiesen zur Streusiedlung Seit führt und weiter zur Haselburg und nach Bozen. Rückkehr nach Leifers mit dem Bus (Linie 2).

Gasthof Fritscher
Fam. Pfeifer
Seit 29
39050 Seit/Leifers
Tel. 0471 250091

50 Plätze in der Stube und im Speisesaal, weitere 30 Plätze auf der großen windgeschützten Terrasse.

Ganzjährig geöffnet außer im Februar, Dienstag Ruhetag.

Übergeben Sie uns Ihr Risiko...
Wir kümmern uns darum.
Affidateci i Vostri rischi...
la nostra professione è gestirli.
ASSICONSULT®
GmbH S.r.l.
INTERNATIONAL INSURANCE BROKER
BOZEN – MILANO – INNSBRUCK
WWW.ASSICONSULT.COM

ÜBERETSCH UND UNTERLAND

Südtirols Süden zeigt sich von der Sonne verwöhnt und vom Menschen geprägt. Durch die Gegend, die nicht nur wegen ihrer günstigen geografischen Lage, sondern auch wegen ihres Klimas schon in der Vorzeit besiedelt war, führte die römische Heer- und Handelsstraße Via Claudia Augusta. Das Etschtal zieht sich hier als breites Trogtal Richtung Süden. Bei Salurn verengt es sich an der Salurner Klause, die Südtirol von der Nachbarprovinz Trentino trennt und die Sprach- und Kulturgrenze bildet. Im Westen, zwi-

schen dem Mitterberg und der Mendel, liegt auf einer Mittelgebirgsterrasse das Überetsch. Der gesamte Landschaftsgarten wurde von der Natur überreich ausgestattet: Endlose Reihen von Obstbäumen und Weinreben sind von prächtigen Wäldern durchsetzt, und mittendrin funkeln die Montiggler Seen und der Kalterer See. Die Gegend ist bekannt für ihren leichten Rotwein vom Kalterer See oder für den aromatischen weißen Gewürztraminer aus Tramin. Entlang der Südtiroler Weinstraße liegen schöne alte Dörfer mit engen Gassen, stattlichen Häusern mit Loggien und Rundbögen sowie reich mit Fresken geschmückten Kirchen.

Blick auf Castelfeder und Auer im Unterland und den Kalterer See im Überetsch; im Norden Bozen

38 GASTHOF WIESER

Der Weiler Perdonig oberhalb von Eppan besteht aus nur wenigen Häusern, einer kleinen Kirche und dem Gasthof Wieser. Von der Terrasse aus hat man einen unvermutet schönen Ausblick auf das Etschtal, auf den Rosengarten, das Weiß- und Schwarzhorn sowie auf die Gipfel des Lagorai im Trentino. Kinder können sich auf der Wiese vor dem Haus und dem Kinderspielplatz nach Herzenslust austoben, während die Eltern vielleicht auf der überdachten Naturkegelbahn ein Spielchen austragen.

Essen | Trinken

Trotz der touristischen Vereinnahmung des Überetschs ist der Wieser ein ursprüngliches Landgasthaus geblieben, in das auch die Einheimischen gern einkehren. Es gibt gute Hausmannskost mit italienischem Einschlag. Eine Spezialität ist der sonntägliche Lammbraten, der auf Vorbestellung auch wochentags serviert wird. Zu empfehlen auch die selbst gemachten Schlutzkrapfen, Knödel und Kuchen. Der offene Schankwein ist ein Eigenbau-Vernatsch aus Karneid bei Bozen, die Weinkarte ist einem Landgasthof angemessen.

Unterkunft

Der Gasthof verfügt über sieben Zimmer, die alle mit Dusche, Toilette und Balkon ausgestattet sind.

Wie kommt man hin?

Zum Gasthof Wieser sind es von St. Pauls oder St. Michael 6 km.

Sehens- und Wissenswertes

- Auf dem Vigiliusbichl bei Perdonig kamen die Überreste einer frühgeschichtlichen Wallburg mit Zyklopenmauern zum Vorschein. Außerdem wurden eine spätrömische Siedlung sowie eine frühchristliche Kirche – sie war dem hl. Vigilius geweiht – ausgegraben. Zugang über einen Waldweg, der beim Geräteschuppen der Feuerwehr an der Perdoniger Straße seinen Ausgang nimmt.
- In den vielen Weinkellereien kann der im Überetsch unter strengen Qualitätsauflagen produzierte Wein verkostet werden. Wissenswertes rund um den Wein und seinen Anbau vermittelt das Weinmuseum in Kaltern.
  Infos: Tel. 0471 963168, www.weinmuseum.it
- Auf jeden Fall sehenswert ist die prächtige gotische Pfarrkirche von St. Pauls, genannt „Dom auf dem Lande".

Wanderungen

- Vom Wieser (812 m) führt ein Weg in einer halben Stunde zur Burg Hocheppan (628 m), von der sich ein weiter Blick ins Land öffnet: Meran, Bozen und das Überetsch liegen scheinbar zum Greifen nah.
- St. Pauls ist der Ausgangspunkt für eine etwa zweistündige Burgenwanderung (Höhenunterschied 240 m) zum Schloss Korb, der Burgruine Boymont, zur Burg Hocheppan (überall Einkehren) und zum Wieser.
- Unterhalb des Mendelkamms (1363 m), auf rund 1000 m Höhe, zieht sich der Eppaner, später der Kalterer Höhenweg hin (Markierung 9). Eingestiegen werden kann an mehreren Stellen, auch in Perdonig.

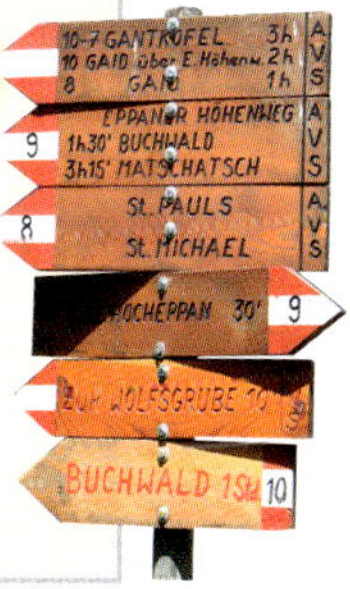

Gasthof Wieser
Fam. Petermair
Perdonig 29
39057 St. Michael/Eppan
Tel./Fax 0471 662376
info@gasthofwieser.com
www.gasthofwieser.com

Drinnen 80 Plätze, auf der Terrasse bzw. im Garten hinter dem Haus 40.

Von Ostern bis Anfang November geöffnet, mittags und abends warme Küche, am Nachmittag kleine Gerichte und Kuchen, Mittwoch Ruhetag.

39 GASTHOF LIPP

Zwischen Andrian und Unterrain hat eine Laune der Natur unterhalb der mächtigen Felswände des Gantkofels einen Wiesenbalkon geschaffen, von dem der Gasthof Lipp (802 m) kühn ins Etschtal schaut. Hier liegt die Nahtstelle zwischen dem dunklen, vulkanischen Porphyrgestein und dem hellen, gelblichen Ablagerungsgestein des darauf aufsetzenden Mendelkalkes. Von den Ruhebänken an der Felskante vor dem Gasthaus gibt es einen einmaligen Blick über das Tal nach Bozen und zu den fernen Dolomiten.

Essen | Trinken

Seit über 30 Jahren waltet Mutter Antonia in der Küche, in der Zwischenzeit von Sohn Philipp tatkräftig unterstützt. Sein Bruder Arthur und dessen Frau kümmern sich um den Service. Der Lipp ist bekannt für beste Hausmannskost. Wer ein köstliches Wiener Schnitzel essen möchte, ist hier gut bedient. Dazu kommen noch bodenständige Schmankerln auf den Tisch, wie saurer Kalbskopf, Knödeltris (Käse-, Spinat- und Pilzknödel), Omeletts, an Sonntagen Kalbsschulternahtl mit Reis sowie Buchweizentorte und Apfelstrudel. Ein offener Vernatschwein, auf Wunsch auch ein Eigenbau aus der Gegend, oder ein kleines Angebot an Südtiroler Weinen begleiten die Gerichte.

Wanderungen

- Von Andrian-Oberdorf (350 m) geht es auf einem steilen Steig (Nr. 2) in einer guten Stunde zum Lipp, es gilt immerhin 500 Höhenmeter zu überwinden. Der Rückweg kann über die Gaider-Straße (Markierung 8) und durch das schluchtartige Höllensteintal (Markierung 15) genommen werden.
- Ein lohnender Rundweg startet am Parkplatz unterhalb von Schloss Hocheppan (480 m), führt an der Burg vorbei auf die Perdoniger Straße und auf dieser zum Lipp (802 m; Markierung 12 und 2A). Rückkehr auf Steig 2A, später 2, vorbei am Kreideturm bei Hocheppan. 3 Stunden Gehzeit.

Unterkunft

Drei Doppelzimmer stehen bereit.

Wie kommt man hin?

Sowohl von St. Pauls als auch von St. Michael sind es 7 km nach Perdonig zum Gasthaus Lipp.

Sehens- und Wissenswertes

- Das Wahrzeichen von Eppan ist die imposante Burgruine Hocheppan, die hoch über dem Etschtal auf einem Felsplateau thront. Sie war das Stammschloss der mächtigen Grafen von Eppan, Widersacher der Grafen von Tirol und diesen schlussendlich unterlegen. Berühmt sind die romanischen Fresken der Burgkapelle, denn sie zeigen eine Frau, die gerade ein rundes Ding verspeist. Diese kuriose Darstellung ist wohl die erste Abbildung eines Tiroler Knödels. Infos über Führungen: Tel. 0471 636081
- Sehenswert ist Schloss Moos-Schulthaus mit einer Bildersammlung aus der ersten Hälfte des 20. Jh.: Defregger, Egger-Lienz, Stolz u. a. Beachtenswert sind auch die reichhaltige Einrichtung sowie die Täfelungen und Fresken; eine absolute Rarität ist die Darstellung des Katzen- und Mäusekrieges sowie des Wunderbaums mit realistischen Phallus-Früchten, die von Frauen gesammelt und in Körben weggetragen werden. Eppan, Schulthauserweg 4, Tel. 0471 660139. Zu besichtigen nur im Rahmen einer Führung: von Ostern bis Allerheiligen, Dienstag bis Samstag um 10, 11, 16, 17 Uhr.

Gasthof Lipp
Fam. Pichler
Perdonig 30
39057 Eppan
Tel. 0471 662517
info@lipp.it
www.lipp.it

Innen 60 Plätze, im Freien, teilweise unter schattigen Nussbäumen, 100.

Vom Mitte März bis zum Mitte November geöffnet. Montag Ruhetag

40 SONNEGGHOF

Von Kaltern sind es wenige Kilometer südwärts bis zum auf einer Anhöhe (614 m) gelegenen Dörfchen Altenburg. Kurz vor dem Kirchhügel mit der gotischen St.-Vigilius-Kirche, die weit über das Überetsch und hinab auf den blau blitzenden Kalterer See blickt, liegt der von Obstgärten und Weinbergen umgebene Sonnegghof.

Essen | Trinken

Der Junior des Hauses, Hanspeter Stelzer, steht nach der Ausbildung zum Koch und Lehrjahren in guten Häusern nun selbst in der Küche und verwöhnt die Gäste mit regionalen Gerichten: Neben hausgemachten Nudelgerichten kocht er Bodenständiges wie Schlutzkrapfen, Kalbskopf, saures Rindfleisch oder Brennesselknödel. Junge Gäste bekommen gerne kleinere Portionen, vom Peter-Pan- bis zum Tarzan-Teller. Auf die Bedürfnisse der vielen Wanderer und Mountainbiker – neben verschiedensten Routen führt auch der Kalterer Höhenweg knapp oberhalb des Hauses vorbei – wird am Nachmittag mit einer kleinen Karte, mit Jausentellern, Kaffee und Kuchen eingegangen. Über den Sommer verteilt, ergänzen Aktionswochen zum Thema Nudeln, Knödel oder Wild und Pilz die Speisekarte. Ab 17.30 Uhr wird Pizza aus dem Holzofen angeboten. Neben einem Kalterer Schankwein gibt es eine schöne Auswahl an Flaschenweinen. Hinter dem Haus, abseits der wenig befahrenen Straße, können Kinder an Spielgeräten toben.

Sehens- und Wissenswertes

Unmittelbar neben der aus dem 14. Jh. stammenden Vigilius-Kirche bietet eine Wiesenkuppe einen herrlichen Ausblick auf den 400 m tiefer gelegenen Kalterer See. Weiter unten befindet sich die Ruine einer der ältesten Sakralbauten Südtirols, der St.-Peter-Kirche. Ein markierter Steig führt in 15 Minuten dorthin: Auf den umgebenden Felsen sind Schalensteine mit geheimnisvollen Vertiefungen zu entdecken sowie eine auffällige Grube, möglicherweise ein archaisches Taufbecken.

Wanderungen

- Der „Friedensweg" von Kaltern (450 m) nach St. Peter in Altenburg (614 m) führt vom Kalterer Marktplatz durch Kultur- und Naturlandschaft ins Kardatschertal oder durch die wilde Rastenbachklamm und über eine Hängebrücke hinauf zur Kirchenruine St. Peter. Sieben Besinnungspunkte laden den Wanderer zum Innehalten ein, der letzte gilt dem frühchristlichen St. Peter bei Altenburg. Die Gehzeit beträgt circa 3 Stunden. Für die Wanderung werden Trittsicherheit und festes Schuhwerk vorausgesetzt. Ein Begleitbuch ist im Tourismusverein Kaltern erhältlich.
- Vom Sportplatz in Kaltern (560 m) schlängelt sich ein angenehmer Steig durch den herrlichen Mischwald aus Fichten, Föhren und mächtigen Buchen nach Altenburg und zu unserem Gasthof – eine an heißen Sommertagen sehr angenehme Wanderung. Gehzeit 1½ Stunden für den Hinweg.

Wie kommt man hin?

7 km beschilderte Anfahrt ab Kaltern.

Unterkunft

In zwölf modernen Zimmern ist Platz für 30 Gäste, für Motor-Biker steht eine Garage, für Rad-Biker stehen Leihräder zur Verfügung.

Pension Restaurant
Pizzeria Sonnegghof
Fam. Stelzer
Altenburg 2
39052 Kaltern
Tel. 0471 963520
sonnegghof@virgilio.it
www.sonnegghof.com

130 Plätze, davon 60 auf der Terrasse.

Ganzjährig geöffnet, nur Mitte Januar geschlossen, Montag Ruhetag.

41 JAUSENSTATION SCHLOSS TURMHOF

Schloss Turmhof in Entiklar bei Kurtatsch ist in die prächtige Rebenlandschaft des Unterlands eingebettet. Den bereits um 1200 urkundlich erwähnten Ansitz umgibt eine herrliche parkartige Anlage. Der Turmhof beherbergt auch die Schlosskellerei der Familie Tiefenbrunner, die für ihre guten Weine bekannt ist. Im pflanzenüberwucherten Innenhof lässt sich die gepflegte Gastlichkeit einer traditionsreichen Jausenstation am schönsten genießen.

Essen | Trinken

Zwar gibt es im Turmhof keine warmen Speisen, dafür aber umso zünftigere Brettljausen mit Speck, Wurst, Käse und hausgemachter Leberpastete. Selbstverständlich kann hier die ganze Palette an Weinen aus der Kellerei Tiefenbrunner verkostet werden; sie reicht vom einfachen Tischwein bis zu den mehrfach preisgekrönten Spitzenweinen, Sekt und Grappa.

Wie kommt man hin?

Von der Weinstraße von Kurtatsch nach Margreid zweigt die Zufahrt (500 m) zum Turmhof ab.

Sehens- und Wissenswertes

- In der Grafengasse in Margreid, in der Nähe des Dorfplatzes, wächst eine der ältesten Reben Südtirols, sie wurde um 1601 gepflanzt. Der mächtige Rebstock trägt rote Trauben.
- Ein kultur- und kunsthistorisch einmaliger Schatz ist in der kleinen Kirche St. Jakob in Kastelaz, oberhalb von Tramin, zu bewundern. Das Innere der unscheinbaren Kapelle birgt einmalige Wandmalereien aus dem 13. Jh.: Der romanische Freskenzyklus mit der Darstellung von Tiermenschen und anderen Fabelwesen sucht in ganz Europa seinesgleichen.
- Um das Schlossweingut hat der frühere Besitzer, Johann Tiefenthaler, einen Märchengarten nach Art barocker Schlossanlagen errichtet. Die üppige Vegetation und die vielen Wasserspiele, die humorvollen und teilweise tiefsinnigen Figuren und Allegorien verleihen der Anlage einen besonderen Charakter. Der Park kann im Sommer dienstags und freitags um 10.30 Uhr mit Führung besichtigt werden.

Wanderungen

- Zwischen Entiklar und Kurtatsch (beim Grubenweg) beginnt ein Weinlehrpfad. Auf Schautafeln werden die einzelnen Rebsorten erklärt, www.weinlehrpfad.it.
- Eine etwa zweieinhalbstündige Wanderung mit Ausgangspunkt in Entiklar (250 m) überquert die Fenner Schlucht und erreicht das Hochplateau des Fennbergs beim Kirchlein Maria im Schnee (Markierung 3). Nun weniger anstrengend weiter nach Unterfennberg (1047 m) mit mehreren Gasthäusern, einer Kirche und einem Badesee. 800 Höhenmeter!

Jausenstation Schloss Turmhof
Fam. Tiefenbrunner
Entiklar, Schlossweg 4
39040 Kurtatsch
Tel. 0471 880122
Fax 0471 880433
info@tiefenbrunner.com
www.tiefenbrunner.com

In mehreren Zirbelstuben finden 160 Gäste Platz, im romantischen Innenhof 200.

Von Ostern bis Mitte November geöffnet (10–20 Uhr). Keine warme Küche, nur kleine kalte Gerichte, ganzjährig Weinverkauf, Sonntag Ruhetag.

42 GASTHAUS PLATTENHOF UND GRILL RESTAURANT BOARNWALD

Wer unten im breiten Etschtal steht, kann sich gar nicht vorstellen, dass es oben, wo die steilen Felsen aufhören, überhaupt noch etwas anderes als den Himmel gibt. Und doch, in knapp über 1000 m Höhe liegt eine bezaubernde wellige Hochfläche mit stillen Wäldern, grünen Wiesen, einem kleinen Badesee, einer uralten Kirche und etlichen Wirtshäusern, darunter wenige Kilometer vor dem Örtchen Unterfennberg das Grill Restaurant Boarnwald sowie in Seenähe am Waldrand das Gasthaus Plattenhof.

Essen | Trinken

Die beiden Gasthäuser bieten ähnliche, einfache Gerichte an. Vor beiden Häusern ist ein großer Grill aufgebaut, auf dem in der warmen Jahreszeit an Sonn- und Feiertagen Hähnchen und Haxen brutzeln, beim Boarnwald werden auch Forellen aus dem eigenen Brunnen gegrillt. Zu trinken gibt es neben Fassbier und offenen Schankweinen selbst gemachte Säfte und eine gute Auswahl an Flaschenweinen. Beim Boarnwald locken neben so Bodenständigem wie saurem Rindfleisch, Schmarrn und Omeletts während der sommerlichen Themenwochen noch Knödelgerichte aller Art, u. a. mit Steinpilzen und Pfifferlingen verfeinert. An das nahe Trentino erinnern die „Carne salada" – mariniertes Rindfleisch, das dünn geschnitten zu Salaten gegessen wird – sowie die viel bespielten zwei Bocciabahnen am Haus.

Plattenhof

Wanderungen

- Ein kurzer und bequemer Spaziergang führt vom Gasthaus Plattenhof zum stattlichen Anwesen Hofstatt mit einem der höchstgelegenen Weinberge Südtirols. Hier – in 1000 m Höhe – liegt in einer geschützten Mulde die kleine Rebanlage; aus den geernteten Müller-Thurgau-Trauben wird im Ansitz Tiefenbrunner in Entiklar ein ganz besonderer weißer Tropfen gekeltert.
- Wer auf den markanten Aussichtsgipfel des 1802 m hohen Treser Horns steigen will, folgt dem steilen Weg Nr. 3, der am Ansitz Ulmburg (1163 m) neben dem verlandeten oberen See vorbeiführt. Rückweg über den sogenannten Sattelsteig. Gehzeit 3–4 Stunden.
- Etwas kürzer ist eine Wanderung vom Dörfchen Penon oberhalb von Kurtatsch zum Gasthaus Boarnwald auf der alten Straße, auch Römerweg genannt. Für die 3,5 km sind 1½ Stunden einzuplanen, immerhin gilt es 450 Höhenmeter zu überwinden. Markierung 2A und 2.

Wie kommt man hin?

Von Kurtatsch schlängelt sich eine kurvenreiche, 13 km lange Straße auf den Fennberg.

Erzeugerabfüllungen
Imbottigliati all'origine
FREIE WEINBAUERN SÜDTIROL · VIGNAIOLI ALTO ADIGE ·
Martin Kilchmann
Südtirols
Freie Weinbauern
GELEBTE WEINKULTUR IN DEN ALPEN
Folio Verlag
Martin Kilchmann/Jörg Wilczek:
Südtirols Freie Weinbauern
Vignaioli dell'Alto Adige
ISBN: 978-3-85256-482-1
ISBN Ital.: 978-88-6299-012-7
www.folioverlag.com
Besuchen Sie unsere Mitglieder: www.fws.it/mitglieder
Visitate i nostri associati: www.fws.it/associati

Boarnwald

Sehens- und Wissenswertes

- Das Weindorf Kurtatsch, das am Fuße des Fennbergs liegt, ist noch nicht völlig vom Tourismus vereinnahmt worden. Wie in anderen Unterlandler Dörfern stehen hier etliche alte Ansitze in dem für die Gegend typischen Stil. Die Kirche hat einen romanischen Turm, der Rest ist gotisiert bzw. neugotisch.
- Sehenswert ist das private „Museum Zeitreise Mensch" in Kurtatsch, in dem etwa 4000 Exponate, landwirtschaftliche Geräte und bäuerliche Einrichtungsgegenstände verschiedener Epochen, ausgestellt sind. Ansitz am Orth, Botengasse 2. Nur mit Führung zugänglich (Ostern bis Allerheiligen freitags um 10 Uhr oder nach Vormerkung), Tel. 0471 880267, www.museumzeitreisemensch.it
- Der See auf dem Fennberg ist bei Naturbadeliebhabern ein Geheimtipp. Die frei zugängliche Badestelle und die Liegewiese am See befinden sich am Nordwestufer und sind über einen Steig von der Südseite her erreichbar. Das seichte Wasser ist moorig-trüb, aber nicht schmutzig, für Chlorbadfanatiker mag es freilich wenig einladend wirken.
- Nahe dem Ansitz Fennhals wachsen fünf riesige, hundertjährige Mammutbäume (Sequoiadendron), die alle anderen Bäume um mehr als das Doppelte überragen. Fennhals liegt an der Straße, die von Kurtatsch auf den Fennberg führt, kurz vor dem Gasthaus Boarnwald.

Gasthaus Plattenhof
Fam. Peer
Fennberg 16
39040 Margreid
Tel. 0471 880356

Gasthaus Boarnwald
Fam. Schweiggl
Oberfennberg 2
39040 Margreid
Tel. 0471 880585
oder 338 2597134

Drinnen 50 Plätze, draußen ebenfalls 50.

Plattenhof ganzjährig geöffnet, in der Nebensaison Dienstag Ruhetag.

Boarnwald von Anfang Mai bis Ende September täglich geöffnet, Montag Ruhetag, Oktober und November nur an Wochenenden geöffnet.

43 BAITA GARBA

Kurz vor der Salurner Klause, die Südtirol vom Trentino trennt, liegt am Rande ausgedehnter Obstplantagen das Ausflugslokal Baita Garba. Zur Baita Garba gehören ein Fischteich und eine Forellenzucht. Es werden Angelruten verliehen; die selbst gefangenen Fische können zum Kilopreis gekauft werden. Der große Parkplatz ist immer voll, und das deutsche und italienische Stimmengewirr an den langen Holztischen unter den Bäumen und Pergolen zeigt, wie beliebt das Gasthaus ist. Kinder vergnügen sich am Spielplatz „Garbaland".

Essen | Trinken

Selbstredend zählen die frischen Forellen – gegrillt oder nach Müllerinart zubreitet – zur Spezialität des Hauses. Beliebt sind aber auch die Fleischgerichte vom Grill, der Hasenbraten, die Schweinshaxen und die Polenta mit Pilzen oder Gorgonzola. Obwohl die Baita Garba den Charakter einer Gartenwirtschaft trägt, ist die umfangreiche Speisekarte eher einem guten Restaurant angepasst. Sie trägt einen leicht italienischen Einschlag, was die Nähe zur Sprachgrenze unterstreicht.

Wie kommt man hin?

Zwischen Laag und Salurn, an einer einsam an der Staatsstraße stehenden Kapelle, zweigt die gut ausgeschilderte Zufahrt zur Baita Garba ab. Der schmale 1,5 km lange Weg führt am Ansitz Karneid vorbei bis zum Parkplatz vor dem Ausflugslokal.

Sehens- und Wissenswertes

- Im hellen Kalkfelsen, nur wenige Schritte von der Baita Garba entfernt, wurde ein Klettergarten mit dreizehn verschiedenen Routen angelegt.
- Salurn wirkt mit seinen stattlichen Ansitzen und Patrizierhäusern im Renaissancestil beinahe herrschaftlich. Auch die Pfarrkirche wurde im 17. Jh. im Stil der Renaissance umgebaut. Hoch über Salurn thront die Ruine der Haderburg (wahrscheinlich aus dem 11. Jh.); sie beherbergte 1531 Luthers Mitstreiter Philipp Melanchthon. Zur Ruine führt ein bequemer Spazierweg.
- Aus der Salurner Gegend stammte der zwergwüchsige Clemens Perkeo, um 1730 trinkfester Hofnarr und Fasswächter unter Kurfürst Karl Philipp. Seine Statue steht im Keller des Heidelberger Schlosses gegenüber dem größten Holz-Weinfass der Welt. Er sei gestorben, nachdem er einmal anstelle von Wein ein Glas Wasser getrunken hatte. Sein Name spielt auf die Antwort an, die er auf jedes Trinkangebot gab: „Perché no?“ (Warum nicht?).

Wanderungen

- Von der Baita Garba (230 m) führt ein Güterweg in ungefähr einer halben Stunde durch Obstwiesen nach Laag (218 m) – ein Spaziergang für den Frühling oder Herbst, da es im Sommer im Unterland sehr heiß sein kann.
- In Laag (218 m), beim Tennisplatz, beginnt ein interessanter Weg, der teilweise der Reiseroute von Albrecht Dürer folgt. Dieser musste bei seiner Italienreise nach starken Regenfällen dem versumpften Talgrund über die Berge ausweichen. Der mit AD gekennzeichnete Dürerweg erreicht nach 1½ Stunden Buchholz (580 m, Einkehr beim Gasthaus Grünwald). Zurück über den Skulpturenweg der Künstlerin Sieglinde Tatz-Borgogno und über einen Forstweg durch Buschwald zur Baita Garba (230 m). Gehzeit 3–4 Stunden.

Baita Garba
Fam. Atz
Mühlenweg 96
39040 Salurn
Tel. 0471 884492
oder 380 6355696

Im Speisesaal im Holzbau gibt es 80 Plätze, an rustikalen Tischen unter schattigen Bäumen 250 Plätze.

Von Mitte März bis Ende Oktober geöffnet, warme Küche von 11.30 bis 15 Uhr und von 17 bis 22.30 Uhr, Dienstag Ruhetag.

44 GASTHOF FICHTENHOF

Von Salurn aus schlängelt sich die Straße zunächst durch Weinberge und Obstanlagen, dann entlang bewaldeter Berghänge bis zu dem kleinen, verträumten Weiler Gfrill. Die wenigen Häuser – der Ort hat nur 54 Einwohner – scharen sich um eine kleine Kirche und das Gasthaus Fichtenhof. Von der windgeschützten Terrasse aus hat man einen herrlichen Blick auf die Berge des Trentino.

Essen Trinken

Spezialitäten des Hauses sind die hausgemachten Erdäpfelnocken mit Pilzragout, Polenta aus Mais- und Buchweizenmehl oder Käseknödel mit Graukäse. Wer an den Sommerwochenenden zu Mittag noch etwas von der frischen Polenta aus dem Kupferkessel und dem Hirschgulasch oder dem Hasenbraten ergattern will, sollte rechtzeitig reservieren. Ausgezeichnet sind die Vorspeisen wie Schlutzkrapfen und Leber- oder Speckknödel, im Frühjahr die Zichorienknödel mit Schafstopfen und Radicchio oder die Brennnesselknödel mit Basilikum und Minze, aber auch das selbst gebackene Brot aus dem Holzofen. Ebenso vortrefflich die Wildgerichte, das Erdäpfelgröstl mit Schweinefilet, Salbei und Rosmarin. Ein absoluter Leckerbissen, und verfügbar so lange der Vorrat reicht, sind die selbst gemachten Würste nach Trentiner Art, die „lucaniche", in die nur Rind- und Schweinefleisch (letzteres aus eigener Zucht), Salz, Pfeffer, Knoblauch und Weißwein kommt. Der Speck ist selbst geselcht. Auf die vielen frischen Kräuter aus dem Garten greift die Köchin, Ingrid, gerne zurück. Die Weinkarte kennt eine kleine Auswahl an Südtiroler und Trentiner Flaschenweinen.

Unterkunft

Elf Zimmer, alle mit Dusche und Toilette.

Wie kommt man hin?

Von Salurn sind es 12,5 km bis Gfrill. Die Straße endet beim Fichtenhof.

Sehens- und Wissenswertes

- In den Felswänden um Madrutberg und Königswiese (herrlicher Aussichtspunkt) befinden sich die Nistplätze eines streng geschützten Adlers. Wer Glück hat, kann ihn beobachten. Hinweise und eine Wanderkarte gibt es im Fichtenhof.
- Zeno Giacomuzzi vom Untersteinerhof hält 50 Bienenvölker; der Honig, der dort verkauft wird, muss bei so viel Natur einfach gut sein!

Wanderungen

- Der Madrutberg ist das lohnende Ziel einer gemütlichen Wanderung. Am Sattel kurz vor dem Fichtenhof (1328 m), beim großen Kreuz, geht der Seilbahnweg leicht abwärts zur Kante (1036 m), wo sich eine herrliche Aussicht ins Etschtal auftut. Die Forstverwaltung hat einen kleinen Teich angelegt und eine Hütte errichtet. Gehzeit für den Hinweg eine knappe Stunde.
- Für die Rundwanderung zur bewirtschafteten Trudner-Horn-Alm (1710 m, Hinweg Markierung E5, Rückweg 3) und wieder zurück zum Fichtenhof (1328 m) sind es ca. 3 Stunden. Von der Alm hat man eine schöne Aussicht auf die Dolomiten.
- Im Frühjahr lohnt der anspruchsvolle, steile, aber landschaftlich sehr reizvolle Anstieg von Neumarkt (218 m) über den Banklsteig (Markierung 2) nach Gfrill (1328 m). Aufstieg 3 Stunden. Abstieg (2 Stunden) über Laag (Nr. 7).

Gasthof Fichtenhof
Fam. Pardatscher
Gfrill 23
39040 Salurn
Tel./Fax 0471 889028
oder 338 3028653
uli.pardatscher@rolmail.net
www.fichtenhof.it

Innen
50 Plätze,
draußen 40.

Von Mitte November bis Weihnachten geschlossen. Im Winter nur samstags und sonntags oder nach Vorbestellung offen. Durchgehend warme Küche, Montag Ruhetag.

45 GASTHOF GOLDENER LÖWE

Der Goldene Löwe in Montan, von den Einheimischen Oberwirt genannt, ist ein gemütliches Dorfwirtshaus mit Tradition, zentral am Dorfplatz neben der Kirche gelegen. Das Haus ist uralt, das zeigt sich auch an den dicken, sich unten verbreiternden Außenmauern. Die Fresken auf dem gotischen Gewölbe im ersten Stock stammen aus dem Jahre 1530. Bereits seit über 200 Jahren besteht hier ein Wirtshaus, das einst für den Fuhrverkehr an Schloss Enn vorbei ins Fleimstal von großer Bedeutung war.

Essen | Trinken

Harald Pichler ist gerne Koch und nimmt seinen Beruf ernst. Das ist der Speisekarte anzumerken, auf der die heimischen Gerichte einen wichtigen Platz einnehmen, ohne zu dominieren: selbst gemachte Teigtaschen mit Melanzani und Zucchini oder nach Bauernart, das heißt kräftig im Geschmack mit Zwiebeln, Knoblauch, Speck und Graukäse. Je nach Jahreszeit: im Frühjahr Spargeln, im Herbst Pfifferlinge und Steinpilze mit Schupfnudeln oder Petersilienkartoffeln. Zur Törggelezeit gibt es Schlachtplatte oder Hirschgerichte mit den traditionellen Beilagen. Solange es warm ist, stehen die Tische neben dem Brunnen am neu gestalteten Dorfplatz.

Sehens- und Wissenswertes

- Zu Montan gehört die kleine, verträumte Fraktion Pinzon (420 m). Um die gotische Kirche und den mit Kastanien bestandenen Dorfplatz, in dessen Mitte ein Brunnen steht, gruppieren sich alte Bauernhäuser. In der St.-Stephan-Kirche (15. Jh.) ist ein Flügelaltar des Brixner Meisters Hans Klocker zu bewundern. Der Schlüssel ist beim Messner zu holen.
- 50 Jahre lang gab es von Auer aus eine Eisenbahnverbindung ins Fleimstal. 1915 bei Kriegsausbruch geplant und 1916 in Betrieb genommen, sollte sie den Nachschub an die Dolomitenfront gewährleisten. Zum Bau wurden fast 6000 Personen eingesetzt, darunter 3600 Kriegsgefangene, meist Serben. Nach der Einstellung der Bahn 1964 blieb die Trasse lange ungenutzt, heute führt ihr entlang ein Wander-, Rad- und Nordic-Walking-Weg (6 % Steigung).
- Harald Pichler, gleichwohl jung an Jahren, hält viel von Tradition. Er ist Mitglied bei einer Gruppe von Goaßlschnöllern (Peitschenknallern), die bei Volks- und Dorffesten auftritt.

Unterkunft

In zwölf renovierten Zimmern mit gutem Standard ist Platz für 25 Gäste.

Wie kommt man hin?

Der Goldene Löwe liegt im Dorfzentrum von Montan.

Wanderungen

- Südlich von Montan (490 m) führt die ehemalige Bahntrasse über ein kühnes Viadukt, die Tunnels sind beleuchtet. Der Rundweg von Montan nach Unterglen (546 m), in die Nähe von Schloss Enn und schließlich nach Montan zurück – großteils auf der früheren Gleistrasse – dauert etwa 1½ Stunden. Die ehemalige Trasse der Fleimstalbahn wird auch von Mountainbikern gern befahren.
- Zum St.-Daniel-Kirchlein, einem gotischen Kleinod, das unterhalb von Montan in einer geschützten Senke liegt, führt ein Feldweg (mit Nr. 4 markiert) von der Kreuzung der Fleimstaler Straße aus. Der Rückweg kann über Castelfeder auf der alten Bahntrasse genommen werden.
- Direkt am Gasthaus beginnt der Naturpark Trudner Horn. Hier startet der Weg 4, später 1, der nach Überwindung von 800 Höhenmetern in 2½ Stunden zur herrlich gelegenen Cislon-Alm auf 1250 m führt.

Gasthof Goldener Löwe
Harald Pichler
Kirchplatz 11
39040 Montan
Tel./Fax 0471 819844
goldenerloewe@goldenerloewe.it
www.goldenerloewe.it

60 Plätze im Speisesaal, 15 in der Stube, 35 Plätze auf der Sonnenterrasse am Dorfplatz, 40 im blumengeschmückten Innenhof; Kaffee-Bar im Erdgeschoss.

Von Mitte Januar bis Mitte Februar sowie 10 Tage Ende Juni geschlossen, Donnerstag Ruhetag.

46 DORFNERHOF

In den Wäldern von Montan, hoch über dem Unterland, liegt auf einer Wiesenlichtung der Weiler Gschnon: wenige Häuser, ein Kirchlein und das Gasthaus Dorfnerhof. Dass es sich hier gut von der Hektik und vom Stress des Alltags erholen lässt, wussten schon die Kapuzinerpatres aus Neumarkt, die in Gschnon auf 960 m Meereshöhe eine kleine Kirche und ein Sommerkloster errichtet haben.

Essen Trinken

Anton Dalvai ist gelernter Koch und setzt seine Fähigkeiten – nach einigen Jahren Praxis in anderen guten Restaurants – nun zu Hause ein. Seine Küche, deren Ruf sich herumgesprochen hat, ist eine Mischung aus italienischen und Tiroler Gerichten. Besonders beliebt sind die hausgemachten Vorspeisenteller wie etwa die Vollkorn-Schlutzer, die zweifarbige Polenta-Roulade aus dem gelben Mais- und dem dunklen Buchweizenmehl sowie die Wildspezialitäten. Hervorragend sind auch die Süßspeisen. Die Weinkarte ist für einen Landgasthof gut sortiert.

Unterkunft

Für Übernachtungen stehen sechs komfortable Zimmer zur Verfügung.

Wie kommt man hin?

Das Gasthaus ist über Montan und den Weiler Glen erreichbar. Von der Brücke bei Mühlen sind noch gut drei Kilometer auf einer kurvenreichen Straße zu fahren.

Sehens- und Wissenswertes

- Zwischen Auer und Montan befindet sich auf einem felsigen Hügel unweit der Straße eine außergewöhnliche Sehenswürdigkeit: das Ruinenfeld von Castelfeder (405 m). Ein vorgeschichtlicher Ringwall, Mauerreste aus spätrömischer und frühmittelalterlicher Zeit sowie Fundamente einer alten Kapelle machen aus Castelfeder eine der ältesten und geheimnisvollsten Befestigungs- und Siedlungsanlagen.
- Hoch über Montan steht weithin sichtbar das zinnen- und türmchengekrönte Schloss Enn. Die Burg aus dem 12. Jh. wurde 1880 im neugotischen Stil umgebaut. Sie befindet sich in Privatbesitz.
- In Montan ist Ettore Tolomei (1865–1952) bestattet, jener fanatische italienische Nationalist, der zu Zeiten des Faschismus die uralten deutschen Ortsnamen übersetzte und im Auftrag Mussolinis ein Programm der totalen Italianisierung durchzog.

Wanderungen

- Vom Weiler Glen (618 m) aus führt ein alter, teilweise gepflasterter Karrenweg steil bergauf nach Gschnon (952 m); der Rückweg kann am Gasthaus Gsteiger (889 m; Markierung 3) vorbei genommen werden. Dauer der Rundwanderung 2–3 Stunden.
- Etwas länger ist der Weg vom Gasthaus Rauscher (275 m) in Vill nach Mazzon, zur Kanzel (1051 m, einmaliger Aussichtsfelsen), zum Gasthaus Gsteiger (889 m) und zum Dorfnerhof. Auf dem alten Weg Nr. 4, später 1, zurück nach Vill. Gehzeit 4 Stunden.
- Ein bequemer Spaziergang ist der mit „Kanzelweg" beschilderte, fast ebene, kinderwagenfreundliche Forstweg, der vom Dorfner zur Kanzel führt, wo eine Sitzbank zum Verweilen einlädt. Der Blick reicht von der Brentagruppe im Süden zum Kalterer See, zum Bozner Becken und bis zu den fernen Ötztalern im Norden. 45 Minuten Gehzeit.

Dorfnerhof
Fam. Vescoli-Dalvai
Gschnon 5
39040 Montan
Tel. 0471 819798
info@dorfnerhof.it
www.dorfnerhof.it

Drinnen 50 Plätze, draußen 20.

Ganzjährig (außer Januar) geöffnet, mittags und abends warme Küche, am Nachmittag kleine Gerichte und Kuchen, Montag Ruhetag.

47 SCHMIEDERALM

Auf einer sonnigen Hochfläche oberhalb des Etschtals umgeben Almen, Lärchenwiesen und Wälder den gemütlichen Berggasthof Schmiederalm. Die Aussicht hier oben auf 1680 m ist fantastisch. Die Berge präsentieren sich wie auf einem Tableau: im Hintergrund die Zwillingsberge Weiß- und Schwarzhorn, im Vordergrund die Dreitausender der Zillertaler, der mächtige Ortler, die Brentagruppe und die Mendel. Tief unten zieht sich das Etschtal nach Süden.

Essen Trinken

Die vollschlanke Figur von Frau Maria Rosa, die mit ihrem Sohn Reinhard in der Küche steht, flößt Vertrauen ein, das nicht enttäuscht wird. Für reibungslosen Service sorgt der humorvolle „alte Hase" Heini, der Seniorchef. Neben den traditionellen Gerichten wie Knödel, Gulasch, Wiener Schnitzel und Grillhaxen werden auch köstliche Variationen der einfachen bäuerlichen Küche angeboten: schwarzplentene Grünzeugnocken, Brennnesselsuppe mit Parmesannocken, Graukassuppe, bunte Herbstsuppe, schwarzplentene Omeletts mit Zwiebeln und gebratenen Speckscheiben, hausgemachter Schinken mit Kren oder geräucherte Spezialitäten wie Hirschschinken oder Wildschweinsalami. Und zum süßen Schluss steht viel Selbstgebackenes auf dem Programm, etwa die Heidelbeertorte oder die Topfenknödelchen mit Früchten der Saison. Im Winter wärmen sich unterkühlte Wanderer mit Hollerpunsch, Apfelglühmix oder der „heißen Oma", heißem Eierlikör mit Sahne.

Wie kommt man hin?

Von Aldein Richtung Petersberg; nach 500 m, bei der Abzweigung Waldrast, nach rechts auf der Straße bis zum Parkplatz vor der Alm. Ab Aldein 7 km.

Unterkunft

Neun einfache Zimmer mit Etagen-WC und -Dusche.

Sehens- und Wissenswertes

- Die Bletterbachschlucht ist eine einmalige Attraktion, gleichermaßen Anziehungspunkt für Geologen wie für Wanderer und Naturfreunde. Der Bletterbach hat in Tausenden von Jahren einen tiefen Cañon in die Flanke des Weißhorns gegraben, alle Gesteinsschichten durchschnitten und freigelegt. So lässt sich die Erdgeschichte wie in einem offenen Buch nachverfolgen. Ein Lehrpfad führt die Interessierten in die geologischen Geheimnisse der Gegend ein. Er startet auf Aldeiner Seite beim Parkplatz Lahneralm, von Radein führt Weg Nr. 3 in die Schlucht zum Taubenleck.

Wanderungen

- Das Weißhorn ist der südlichste Südtiroler Dolomitengipfel. Der Anstieg von der Schmiederalm (1680 m) erfolgt auf Weg 5, quert den Forstweg Richtung Kösertal und verläuft – allmählich steiler werdend – am Rande der Bletterbachschlucht. Nach 2½–3 Stunden hat man den 2313 m hohen Aussichtsgipfel erreicht. Gleicher Rückweg. Insgesamt ca. 5 Stunden Gehzeit.
- Die Wanderung (Weg 15) von der Schmiederalm (1680 m) nach Maria Weißenstein (1520 m) schafft jeder. Es geht zuerst eben zur Schönrastalm und dann über Wiesen, Weiden und durch Wald abwärts zum bekannten Wallfahrtsort mit Kirche, Kloster und Gaststätte. Gehzeit hin und zurück 2 Stunden.
- Auch im Winter sind – je nach Schneelage – auf der Hochfläche um die Schmiederalm Wanderwege gespurt und geräumt – für Schneeschuh- und Winterwanderungen das ideale Gelände.

Schmiederalm
Fam. Oberberger
Lerch 41
39040 Aldein
Tel./Fax 0471 886810
info@schmiederalm.it
www.schmiederalm.it

In zwei Stuben 60 Plätze, im Garten, unter Sonnenschirmen und der Markise, 60.

Von Mitte Mai bis zum Sonntag nach Allerheiligen sowie von Mitte Dezember bis Ostern geöffnet. Donnerstag Ruhetag.

SCHLERNGEBIET, GRÖDEN, EISACKTAL, WIPPTAL

Das Eisacktal ist von alters her ein Durchzugsgebiet. Schon immer mussten alle, die von Nord nach Süd oder von Süd nach Nord wollten, über den Brenner: die Heere der Römer, die germanischen Stämme, Kaiser und Könige, Napoleons Truppen oder die deutsche Wehrmacht. Heute sind es vor allem Lkws und Urlauber, die die Transitstrecke passieren und für die Bevölkerung Fluch und Segen zugleich bedeuten. Wer nicht gezielt nach Süden braust und das enge Tal, durch das sich Eisack, Bahnlinie, Staatsstraße und Autobahn schlängeln, so schnell wie möglich hinter sich bringen will, wird für seine Aufmerksamkeit reich belohnt. Das Wipptal und

seine Seitentäler bilden das Tor zur hochalpinen Welt der umliegenden Berge. Städte wie Sterzing, Brixen oder Klausen, die sich ihr mittelalterliches Flair erhalten haben, sind eine Besichtigung Wert. Und auch die vielen Täler links und rechts des Eisack haben mit ihren ruhigen, kleinen Ortschaften und der abwechslungsreichen, teilweise noch sehr urtümlichen Landschaft ihre Reize. Rund um den Bergrücken des Schlerns, dem Wahrzeichen Südtirols, sowie in den ladinischen Dörfern Grödens, herrscht sommers wie winters Hochbetrieb. Diese Ferienregion ist dank ihrer grandiosen Dolomiten-Landschaft und der Tüchtigkeit ihrer Bewohner zu einem Ski- und Fremdenverkehrsgebiet ersten Ranges aufgestiegen. Die Bergwelt ist durch Seilbahnen, Lifte, Skipisten, Wanderwege und Klettersteige sehr gut erschlossen.

Das „Dürer-Städtchen" Klausen mit Burg Branzoll und Kloster Säben

48 TSCHAMIN-SCHWAIGE

Das einsame Tschamintal zieht sich von Tiers bis zum Rosengarten hin; es ist das vielleicht schönste Dolomitental. Am Taleingang, neben dem Informationszentrum des Naturparks Schlern, liegt das Berggasthaus Tschamin-Schwaige. Bis ins 15. Jh. sprachen die Bewohner von Tiers Ladinisch; viele Orts- und Flurnamen erinnern daran. Auch „Tschamin" stammt aus dem Ladinischen und bedeutet Kamin bzw. enges Tal. „Schwaige" bezeichnete einen Hof, der v. a. Viehzucht und Milchwirtschaft betrieb.

Essen | Trinken

Beliebt sind die frischen Forellen aus dem Kalter, hausgemachte Tiroler Spezialitäten wie Schlutzkrapfen und Spinatknödel, die guten Mehlspeisen oder die Eisbecher mit frischen Früchten. Auf der wechselnden umfangreichen Speisekarte stehen aber auch Köstlichkeiten wie Bärlauchspatzln, Erdäpfelblattln mit Sauerkraut sowie (bei Saison) Steinpilze vom Grill und Wildgerichte. Gegen den Durst helfen mehrere Biersorten vom Fass sowie selbst gemachter Apfel- und Holunderblütensaft. Gute Weinkarte mit Südtiroler Weinen, darunter als Hauswein ein Zweigelt. Im Sommer gibt es jeden Mittwoch einen Grillabend, am Freitag Live-Musik.

Wie kommt man hin?

Von der Tierser Straße bei St. Zyprian ab, nach einer kurzen Fahrt (1 km) auf einer guten Straße gelangt man zum großen Parkplatz vor dem Gasthaus (1184 m).

Sehens- und Wissenswertes

- Die ehemalige Steger-Säge wurde 1598 erstmals urkundlich erwähnt und war bis in die 1950er-Jahre in Betrieb. Heute befindet sich hier die Informationsstelle des Naturparks Schlern. Die wasserbetriebene Venezianer Säge ist noch voll funktionsfähig und kann besichtigt werden. Über einen Kanal wird das Bachwasser auf das Schaufelrad geleitet, welches das Sägeblatt und den Schlitten, auf dem die Baumstämme befestigt werden, antreibt. Im Inneren des Gebäudes ist der wiederhergestellte Wohnbereich des Sägemüllers zu sehen sowie anhand einer Tonbildschau der geologische Aufbau des Schlernmassivs.
- Auf dem Gemeindegebiet von Tiers steht bei Völser Aicha die kleine Kirche St. Katharina aus dem 15. Jh. Im Inneren und an den Außenmauern schmücken sie gotische Wandmalereien, die der „Bozner Schule" zugeschrieben werden.

Wanderungen

- Der Weg Nr. 12B, später 12, führt von St. Zyprian (1070 m) in einer halben Stunde zur Tschamin-Schwaige (1184 m).
- Ein äußerst lohnender Weg (Nr. 3) bringt den Wanderer in einer guten Stunde durch eine wilde Dolomitenlandschaft zum Rechten Leger (1603 m), einer Alm im Tschamintal. Hohe Felswände, Walder, Wiesen und der Wildbach sorgen für Bergromantik. Wer höher hinaus will und über die nötige Kondition und Bergausrüstung verfügt, kann zur Grasleitenhütte (2134 m), zur Tierser-Alpl-Hütte (2441 m) oder zum Schlern (2460 m) aufsteigen.

Tschamin-Schwaige
Fam. Unterweger
St. Zyprian 81
39050 Tiers
Tel. 0471 642010
tschaminschwaige@rolmail.net
www.tschaminschwaige.com

Im Gasthof 80 Plätze, weitere 80 im Garten sowie auf der Sonnenterrasse.

Vom zweiten Sonntag im Mai bis Ende Oktober geöffnet, durchgehend warme Küche (12–21 Uhr), kein Ruhetag.

49 GASTHOF KIRCHER

Auf einer Mittelgebirgsterrasse am Fuße des Schlerns, eingebettet in buckelige Wiesen, liegt das Örtchen Ums. Der Gasthof Kircher ist – der Name sagt es schon – neben der Kirche zu finden.

Essen | Trinken

Florian Harder, gelernter Koch, hat sich auf die italienische und einheimische Südtiroler Küche festgelegt. Für die Gäste kommen Schlutzkrapfen, Omeletts, Wiener Schnitzel, Schwarzplenten-Knödel, Polenta mit Pfifferlingen oder Steinpilzen sowie die frischen Erd- und Himbeeren von den Bauern aus der Umgebung auf den Tisch. Florian Harder macht auch bei der gastronomischen Veranstaltung „Völser Kuchlkastl" mit, die im Herbst stattfindet; dann gibt es extra ausgeklügelte Gerichte. Zur Törggelezeit im Herbst werden die selbst gemachten Blut- und Leberwürste sowie Sauerkraut serviert. Etwas Besonderes sind auch die Zucchinitorte und der Birnenstrudel, der im Herbst mit hauseigenen Birnen gebacken wird. Gut sortierte Weinkarte.

Unterkunft

Sieben komfortable Doppelzimmer stehen bereit.

Wie kommt man hin?

Von Völs sind es 3 km nach Ums.

Gasthof Kircher
Fam. Harder
Ums 19
39050 Völs am Schlern
Tel. 0471 725151
Fax 0471 724396
info@gasthof-kircher.it
www.gasthof-kircher.it

In zwei Speiseräumen und einem heimeligen Stübchen 75 Plätze, draußen, auf der herrlichen Panoramaterrasse, 40.

Ganzjährig geöffnet, Mittwoch Ruhetag.

Sehens- und Wissenswertes

- Die Burganlage Schloss Prösels geht auf das 12. Jh. zurück. Leonhard von Völs-Colonna baute sie um 1500 im Renaissancestil zu einem prächtigen Schloss aus. Heute beherbergt die Anlage eine umfangreiche Waffensammlung und die wertvollsten Teile der Bildersammlung einer Künstlerkolonie, die um die Wende des 20. Jh. im Bozner Gasthaus Batzenhäusl verkehrte und dort ihre Bilder hinterließ. Im Sommer finden auf Schloss Prösels Konzerte und Ausstellungen statt.
- Das Kirchlein zum hl. Martin in Ums ist ein einfacher einschiffiger Bau, der um 1600 fertiggestellt wurde. Die Jahreszahl 1504 oberhalb des Spitzbogenportals stammt von einem Vorgängerbau, der an anderer Stelle stand. Im Portal entdeckt man auch das Fresko des Soldatenheiligen Martin. Bei der wöchentlichen Messe am Dienstag (im Sommer um 19.30, im Winter um 17 Uhr) ist das ansonsten verschlossene Kirchlein zu besichtigen.

Wanderungen

- Auf der Mittelgebirgsterrasse von Völs und Völser Aicha ließen sich unzählige unschwierige Wanderungen unternehmen. Der „Umser Rundweg", später Weg 2, führt von Ums (932 m) in einer knappen Stunde gemütlich und mit wenig Steigung zum Völser Weiher (1054 m). Einkehr dort beim Gasthof Völser Weiher oder im Hotel Waldsee.
- Wer höher hinaus will, steigt von Ums zum Aussichtsbalkon beim Hofer Alpl (1340 m) auf, dabei sind in 1¼ Stunden 400 Höhenmeter zu überwinden.
- Von Völs (880 m) erreicht man Ums (932 m) in 40 Minuten auf Weg Nr. 6 und später auf Weg 4, der abseits der Fahrstraße über Wiesen führt.
- Ein schöner Aussichtspunkt befindet sich auch beim Gasthaus Schönblick (1193 m) Richtung Tiers/Völser Aicha, das man auf einem besonders im Sommer empfehlenswerten Waldweg, mit 10 markiert, von Ums aus in einer guten Stunde erreicht.

50 TUFFALM

Auf einer Wiesenterrasse an einer steilen Flanke des Schlernmassivs liegt in prächtigster Panoramalage die Tuffalm, seit vielen Jahren von der Familie Haselrieder mit Umsicht und Herzlichkeit geführt. Auf der Wiese vor dem schindelgedeckten behäbigen Holzhaus können Kinder nach Herzenslust tollen, sich an den vielen Haustieren – Hund, Pony, Esel, Hasen, Katzen, Schafe, Ziegen und Schweine – erfreuen oder auf den Spielgeräten herumturnen. Für Erwachsene stehen Liegestühle zum Faulenzen bereit. Die Aussicht umfasst den Blick auf den Bozner Talkessel und die umliegenden Berge, die Brenta im Süden und die Zillertaler im Nordosten.

Essen | Trinken

Ganz oben auf der Beliebtheitsskala der Gäste, hauptsächlich Wanderer und Spaziergänger, stehen die Tiroler Gerichte. Auf der Tuffalm soll es die besten Knödel der Umgebung geben, die in der Suppe, mit Salat oder als Beilage zum Gulasch gereicht werden. Auf der Karte findet sich auch so Typisches wie Kalbskopf, saures Rindfleisch, Graukäse und Brettljausen mit Speck, Käse und Bauernwurst. Als Nachspeise locken Naturjoghurt mit frischen Früchten oder Kuchen. Gegen den Durst werden verschiedene Säfte, darunter Holundersaft, und Fassbier sowie eine kleine Auswahl an Weinen angeboten. Donnerstags zu Mittag gibt es musikalische Unterhaltung.

Wie kommt man hin?

Von der Straße Völs–Seis sind es 1,5 km bis zum gebührenpflichtigen Parkplatz am Völser Weiher. Von dort auf gutem, breitem Weg in 30 Minuten oder auf einem etwas steileren Steig in 20 Minuten zur Alm. Wem dieser Fußweg zu viel ist, kann sich mit einem zweispännigen Pferdewagen kutschieren lassen.

Sehens- und Wissenswertes

- Der Völser Weiher wurde im 15. Jh. vom damaligen Landeshauptmann Leonhard von Völs-Colonna als Fischteich künstlich angelegt. In der Nähe des Weihers gibt es noch mehrere fischreiche Teiche. Angelkarten kann man im Gasthaus Völser Weiher kaufen, ein Bootsverleih mit Ruderbooten und ein kostenloser Badesteg befinden sich ebenfalls dort. Das Gebiet ab dem Völser Weiher gehört zum Naturpark Schlern.

Wanderungen

- Eine schöne Runde (Weg Nr. 1) führt von der Tuffalm (1274 m) leicht ansteigend zum südöstlich gelegenen Hofer Alpl (1340 m), einem gemütlichen Berggasthaus. Ab Hofer Alpl auf Steig 3 bis kurz oberhalb von Ums und auf dem „Umser Rundweg", später 2, zum Völser Weiher (1054 m) zurück. Gehzeit insgesamt 3–4 Stunden.
- Wo sich im Sommer der breite Weg vom Völser Weiher zur Tuffalm heraufzieht, wird im Winter gerodelt. Dann sorgt auch ein Schneehügel für Rutsch- und Rodelspaß.

Tuffalm
Josef und Rosalinde Haselrieder
39050 Völs am Schlern
Tel. 0471 726090
oder 335 450799
info@tuffalm.it
www.tuffalm.it

Innen 80 Plätze, draußen 150.

Von Mai bis Mitte November ohne Ruhetag geöffnet, weiters Weihnachten bis Ostern mit Dienstag und Mittwoch Ruhetag. Warme Küche von 11 bis 18 Uhr.

51 TSCHÖTSCHERHOF

Auf einem sonnigen Geländebalkon im Schlerngebiet, doch fast schon im Eisacktal, liegt der Weiler St. Oswald, vom Kirchturm mit dem roten Zwiebelhelm überragt, und mittendrin der Tschötscherhof (750 m). Besonders einladend wirken im Gasthaus die alten Gewölbe, die schön getäfelten Ofenstuben und die Sonnenterrasse mit der Weinlaube vor dem Haus.

Essen | Trinken

Aus der Küche kommt herzhafte Tiroler Kost: Selchkarree mit Kraut, Schwarzplenten-Knödel, Kasnocken, Schlutzkrapfen, Gulasch mit Knödel, Buchweizentorte, Strudel. Gerne greifen die Wanderer auch zu einfachen Gerichten wie den Spiegeleiern mit Speck, dem lockeren Schmarrn und den Omeletts. Zur Törggelezeit im Herbst gibt es den „Nuien" und Kastanien. Der Bauer und Sohn Andreas sind stolz auf die Eigenbauweine, einen weißen Kerner oder eine süffige Rotweinmischung aus Zweigelt, Portugieser und Vernatsch – das Beste kommt in Flaschen abgefüllt auf den Tisch. Die Reben wurden neu angelegt, doch dass hier schon früher Wein wuchs, belegt der Flurname Weingutacker.

Unterkunft

Für Übernachtungen stehen 15 Betten in einfachen Zimmern zur Verfügung. Mittlere Preislage.

Wie kommt man hin?

Mit dem Auto sind es von Seis 4,5 km; die 2,5 km lange Zufahrt von der Straße Waidbruck-Kastelruth ist recht schmal und steil.

Sehens- und Wissenswertes

- Auf dem Tschötscherhof kann man eine interessante Sammlung von landwirtschaftlichen Gerätschaften bewundern. Vater Jaider war Wagner, ein inzwischen ausgestorbener Beruf; sein Handwerkswerkzeug ist der Grundstock zu den wirklich sehenswerten und gut ausgestellten Exponaten, zu denen sich auch Gegenstände des religiösen Brauchtums der Gegend gesellen.
- Gleich neben der Burgruine Aichach befindet sich, am Abhang zum Schwarzgriesbach, der Pflegerhof. Dort baut die Familie Mulser mit viel Engagement Gewürz- und Heilkräuter an. Wenn im Frühsommer viele der 40 verschiedenen Kräuterpflanzen blühen, ist die Besichtigung des Hofes ein Erlebnis für Augen und Nase, www.pflegerhof.com.
- Beim Malengerhof (844 m), von St. Oswald in 40 Minuten auf einem Spazierweg erreichbar, steht eine alte Wassermühle, die mustergültig restauriert wurde und besichtigt werden kann.
- In der Nähe des Tschötscherhofs befindet sich der Heimathof von Norbert Rier, dem Chef der „Kastelruther Spatzen"; es ist erstaunlich, wie viele Freunde – oder besser gesagt Fans – der volkstümlichen Musik dorthin pilgern!

Wanderungen

- Von St. Oswald aus empfiehlt sich der Erlebniswanderweg. Ein kleines Faltblatt (im Tschötscherhof oder im Tourismusbüro erhältlich) beschreibt die wichtigsten Sehenswürdigkeiten an der Strecke. Die Gehzeit variiert von 1½ bis 4 Stunden; es müssen maximal 400 m Höhenunterschied überwunden werden, im Sommer Rückkehrmöglichkeit von Seis mit dem Shuttlebus.

Tschötscherhof
Fam. Jaider
St. Oswald 19
39040 Seis
Tel. 0471 706013
Fax 0471 704801
info@tschoetscherhof.com
www.tschoetscherhof.com

Drinnen 70, draußen 50 Plätze.

Von Anfang März bis Ende November geöffnet, mittags und abends warme Küche, am Nachmittag kleine Gerichte und Kuchen, Mittwoch Ruhetag.

52 CAFÉ ANNATAL

Das Café Annatal ist ein Schmuckstück unter den Grödner Gastbetrieben. Die Jausenstation liegt im Nordosten von St. Ulrich im dorfnahen Teil des Annatals, das sich zwischen der Raschötz und der Secëda herunterzieht. Ingeborg Prinoth und ihr Sohn Holger Rifesser haben mit Umsicht und Fleiß ein kleines Königreich aufgebaut. Auf dem kurzen Weg am Bach entlang durch Wiesen und Wald zum Spielplatz und weiter zum Café spazieren im Sommer gerne Einheimische und Gäste. Im Winter kehren Freizeitsportler auf dem Rückweg von den Secëda-Pisten oder der Raschötz-Rodelbahn hier ein.

Essen | Trinken

„Einfach und gut" lautet die Devise im Café Annatal. Die Küche ist ganz auf traditionelle Speisen für Ausflügler eingestellt: Hüttengerichte wie Eier mit Speck und Bratkartoffeln, Polenta, Gulasch- oder Gerstsuppe sind die Renner. Äußerst beliebt sind die vielen guten Kuchen, der Strudel soll der beste weit und breit sein.

Wie kommt man hin?

Vom Parkplatz an der Talstation der Secëda Umlaufbahn 20–30 Minuten Spaziergang auf promenadenartigem Weg zum Gasthaus.

Wanderungen

- Ein schöner Serpentinen-Fußweg geht vom Annatal (1300 m) zum Col de Flam und weiter durch den Wald (Markierung 6) zur St.-Jakob-Kirche (1565 m). Rückweg über den Fahrweg an den Hotels Jakoberhof und Stua Catores vorbei. 2½ Stunden Gehzeit für den Rundweg.
- Die klassische Sommerwanderung führt – nach der Auffahrt mit dem Sessellift auf die Raschötz – über den herrlichen, fast ebenen Höhenweg zur Brogles Alm (2045 m) und auf Weg 5 zum Martinhof (1470 m). Von dort auf Weg 2 zum Café Annatal. Gehzeit 3–4 Stunden, 800 Höhenmeter.

Sehens- und Wissenswertes

- Unweit vom Café Annatal steht die gotische St.-Jakob-Kirche, von den Einheimischen „dlieia da Sacun" genannt. Die Kirche aus dem 12. Jh. ist dem Schutzpatron der Wanderer und Pilger, dem hl. Jakob, geweiht. Sie wurde im 15. Jh. umgebaut und mit bedeutenden Fresken geschmückt, im 18. Jh. schnitzten heimische Holzbildhauer den Altar im Barockstil. Die Statuen sind Kopien, die Originale stehen im Museum in St. Ulrich. Die Kirche ist nur zu Fuß erreichbar. Infos über Öffnungszeiten und Führungen im Tourismusbüro, Tel. 0471 793046
- Im Kongresshaus von St. Ulrich stellt eine ständige Ausstellung die aktuelle Produktion der Grödner Holzbildhauerei und -schnitzerei vor, die auf eine 400-jährige Tradition verweisen kann! Hin und wieder lassen sich dort Schnitzerinnen und Schnitzer sogar beim Arbeiten über die Schulter schauen. Geöffnet täglich von 9 bis 22 Uhr, freier Eintritt, www.art52.it.
- Oberhalb von St. Ulrich soll einst die Raubritterburg Stetteneck gethront haben – bevor sie in die tiefe Schlucht des Pinkanbachs hinuntergestürzt ist. Die mächtigen Mauerreste aus dem 13. Jh. der als verschollen gegoltenen Burg wurden in der Nähe des Cafés von Herwig Prinoth entdeckt und ausgegraben. Infos über Führungen beim Tourismusverein St. Ulrich, Tel. 0471 777600

Café Annatal
Fam. Prinoth-Rifesser
Annatal-Str. 39
39046 St. Ulrich/Gröden
Tel. 0471 798643
annatal@dnet.it
www.annatal.com

In mehreren Stuben Platz für 120 Leute, 400 Personen finden auf den Sonnenterrassen und Liegewiesen Platz, bis zu 300 Liegestühle stehen den Gästen kostenlos zur Verfügung!

Von Mitte Juni bis Mitte Oktober geöffnet und von Anfang Dezember bis zum Ende der Skisaison.

53 L MULINÉ

Auf der Nordseite zu Füßen der mächtigen Langkofelgruppe (3179 m) liegt frei auf einem Hügel die neu erbaute, komfortable Almhütte L Muliné und blickt auf einen beeindruckenden Kranz von Dolomitengipfeln. Einst stand in der Nähe eine Mühle, von der der ladinische Name übernommen wurde. Im Winter ist das Almrestaurant bei Skifahrern sehr beliebt, denn in der Nähe der Hütte führt die stark frequentierte Sasslong-Piste vorbei. Großer Kinderspielplatz.

Essen Trinken

Die Küche ist bewusst den einheimischen traditionellen Gerichten verpflichtet. Selbstverständlich stehen auf der Karte alle Speisen, die sich Wanderer und Ausflügler erwarten, der italienische Einschlag ist dabei deutlich zu spüren: Knödel-Tris, Polenta mit Pilzen oder Gulasch, gebratene Rippchen, Wildgerichte, Kaiserschmarrn (mit Rosinen, wie es sich gehört), Mehlspeisen und Strudel. Auf der reichhaltigen Weinkarte sind viele Südtiroler Etiketten gelistet, aber auch der Rest von Italien ist gut vertreten. Als offener Schankwein wird ein vorzüglicher Sauvignon ausgeschenkt.

Wie kommt man hin?

Man verlässt in Wolkenstein die Hauptstraße zwischen dem Hotel Oswald und dem Hotel Des Alpes und biegt in die La-Selva-Straße ein; dieser folgt man für 1,2 km bis fast an den Waldrand.

L Muliné
Fam. Hugo und Heidi Delazer
La-Selva-Str. 100
39048 Wolkenstein/Gröden
Tel. 0471 773293
Fax/Privat 0471 794379
info@l-muline.com
www.l-muline.com

In zwei getäfelten Stuben 60 Plätze, auf der Terrasse vor der Hütte 100.

Von Anfang Dezember bis zum Ende der Wintersaison und dann wieder von Mitte Juni bis Mitte Oktober geöffnet, warme Küche von 12 bis 14.30 und von 18.30 bis 21.30 Uhr, kein Ruhetag.

Sehens- und Wissenswertes

- Am Eingang zum Langental thront die wild-romantische Ruine Wolkenstein (13. Jh.). Die Burg, die nur über einen schmalen Steig erreichbar ist, war das Stammschloss der Wolkensteiner, deren bekanntester Vertreter Oswald von Wolkenstein ist. Oswald (1377 geboren) wird gern als der „letzte Ritter und Minnesänger" bezeichnet.
- Auf dem Monte Pana steht in der Nähe des gleichnamigen, architektonisch interessanten Hotels eine neue, voll funktionstüchtige, originelle Sonnenuhr aus Metall. Das Meisterwerk aus Eisen, Messing und Gold hat einen Durchmesser von zwei Metern und sitzt auf einem zehn Tonnen schweren Porphyrsockel. Monte Pana ist mit dem Auto oder bequem mit dem Lift von St. Christina aus zu erreichen.

Wanderungen

- Von der Hütte (1550 m) aus führt ein Weg, zuerst breit, im letzten Teil als Steig, den Hang querend durch Wald und über Wiesen bis zum Monte Pana (1636 m), einer weiten Geländekuppe oberhalb von St. Christina. Gehzeit: Hinweg 1 Stunde.
- Wer mühevolle Aufstiege scheut, fährt von Wolkenstein mit der Bahn hinauf auf Ciampinoi (2280 m) und geht zu Fuß in 1½ Stunden bergab zum L Muliné. Für den einstündigen Rückweg nach Wolkenstein (1560 m) empfiehlt sich die neu angelegte Promenade parallel zur Autostraße.
- Von der Talstation der Sasslong-Bahn in St. Christina geht ein Spazierweg zur Fischburg und daran vorbei zum L Muliné. Die Fischburg, das ehemalige Wohnschloss der Wolkensteiner Ritter, ist in Privatbesitz und leider nicht zugänglich. Gehzeit 20 Minuten.

54 GASTHOF BAD DREIKIRCHEN

Der traditionsreiche Gasthof liegt auf 1120 m Meereshöhe, direkt neben drei kleinen gotischen Kirchen, die ihm den Namen gegeben haben. Es wird vermutet, dass der Weiler mit seinen leicht radioaktiven Quellen schon in vorchristlicher Zeit ein Quellheiligtum war. Von modernem Schnickschnack hält die Familie Wodenegg nichts. Im Haus gibt es sehr viele, liebevoll erhaltene Dinge aus der guten alten Zeit, darunter ein Klavierzimmer und eine Bibliothek; ein Schwimmbad und eine Liegewiese stehen für Sonnenanbeter bereit.

Essen | Trinken

Das Essen in Bad Dreikirchen verbindet auf gelungene Weise die Wiener Küche mit italienischen Gerichten. Die Tagesgäste lieben es eher traditionell Tirolerisch und bestellen Knödelsalat – geröstete Knödelscheiben mit Blattsalat und Bergkäse –, Erdäpfelblattln mit Sauerkraut, Spiegeleier mit Speck oder gesottene Gamshauswurst mit Sauerkraut. Hausgäste erwartet ein erweitertes feines Vier-Gänge-Menü. Im Keller lagert eine stattliche Auswahl an Weinen; angeboten werden auch frisch gepresste Säfte.

Unterkunft

Es gibt 27 Zimmer mit unterschiedlicher Ausstattung: vom einfachen Zimmer mit Blick auf die drei Kirchen bis hin zu den Verandazimmern mit Talblick. Alle Zimmer mit Dusche/WC. Gehobene Preislage.

Wie kommt man hin?

Der Gasthof ist nur zu Fuß erreichbar. Das Auto parkt man am besten auf dem hoteleigenen Wiesenparkplatz in der Nähe des Sportplatzes in Barbian und geht in ca. 40 Minuten zu Fuß zum Gasthaus. Personen- und Gepäcktransport für Hausgäste.

Sehens- und Wissenswertes

- Im ehemaligen Heilbad haben schon berühmte Gäste – unter ihnen der Maler Franz von Defregger und der Dichter Christian Morgenstern – logiert und neben der herrlichen Aussicht und der guten Küche die Heilkraft des Badewassers genossen.

- In der parkähnlichen Umgebung von Bad Dreikirchen stehen einige architektonisch bemerkenswerte Gebäude, die in der Zwischenkriegszeit erbaut wurden: Haus Settari, Haus Baldauf (Lois Welzenbacher) und Gasthof Briol (Hubert Lanzinger).
- Die drei mit Schindeln gedeckten Kirchen sind eine Besichtigung wert: St. Gertraud ist romanisch (13. Jh.), die Nikolauskirche und die spätgotische Magdalenakirche stammen aus dem 15. Jh. Die ineinander verschachtelten Sakralbauten sind mit wertvollen Fresken, Plastiken und Altären ausgestattet. Den Schlüssel für die Besichtigung erhält man beim nahen Gasthaus Messnerhof.
- Auch wenn der Schiefe Turm von Pisa berühmter ist, der Kirchturm von Barbian neigt sich nicht weniger – bei genauer Betrachtung ist er sogar richtig krumm.

Wanderungen

- Für die Rundwanderung zur Gasserhütte (1744 m), zum Rinderplatz (1800 m), zur Neuhauslhütte (1849 m) und zurück benötigt man ca. 6 Stunden. Ein Großteil der Wanderwege verläuft oberhalb der Waldgrenze. Wanderkarten sind im Gasthaus erhältlich.
- Eine leichte Tour (Weg Nr. 6; für den Rückweg Nr. 34, 27 und 4) führt von Bad Dreikirchen in ca. 2–3 Stunden zu den sehenswerten Barbianer Wasserfällen (925 m) und zurück.

Gasthof Bad Dreikirchen
Fam. Wodenegg
St. Jakob 6
39040 Barbian
Tel. 0471 650055
Fax 0471 650044
info@baddreikirchen.it
www.baddreikirchen.it

In den holzgetäfelten Stuben 50 Plätze; in der überdachten Veranda 40. Außerdem können 20 Gäste an einfachen Tischen auch im Garten sitzen.

Von Ende April bis Ende Oktober geöffnet, mittags warme Küche, am Nachmittag kleine Gerichte und Kuchen, kein Ruhetag.

55 RINDERPLATZHÜTTE

Am Osthang der Sarntaler Alpen, gegen das Eisacktal hin, breitet sich knapp oberhalb der Baumgrenze die weite Hochfläche der Villanderer Alm aus. Die Rinderplatzhütte liegt wenige Gehminuten vom Parkplatz am Ende der Almstraße. Die Flurbezeichnung Rinderplatz lässt sich bis ins 12. Jh. zurückverfolgen. Auf den Wiesen vor dem großzügig ausgebauten Berggasthaus sonnen sich jetzt die Wanderer und Spaziergänger in den Liegestühlen, die Kinder erfreuen sich an den Spielgeräten. Der freie, weite Platz (1800 m) mit der herrlichen Aussicht ist eines der schönsten Plätzchen des Landes und besonders bei Familien ein beliebtes Ausflugsziel.

Essen | Trinken

Renate Huber steht am Herd, während ihr Mann Walter den Service schmeißt. Für die vielen Wanderer und Spaziergänger, die hier vorbeikommen, gibt es durchgehend warme Küche. Tiroler Kost steht ganz oben auf der Beliebtheitsskala; es kommt auch nicht Alltägliches wie saures Rindfleisch, Kalbskopf, Graukäse und saure Suppe auf den Tisch, dazu Pfannengerichte. Gern bestellt werden auch die Wildgerichte wie das „Wildererbratl". Die Auswahl an hausgemachten Mehlspeisen ist groß: von Topfenkuchen über Buchweizentorte, Obstkuchen bis Tiramisu. Zum Abschluss schenkt Herr Walter gerne ein Schnäpschen auf.

Unterkunft

16 Betten in gemütlichen holzgetäfelten Zimmern.

Wie kommt man hin?

Ab Villanders auf der Almstraße 12 km bis zum gebührenpflichtigen Parkplatz, dann 15 Minuten auf einem Fußsteig abseits der Straße.

Rinderplatzhütte
Fam. Huber
Alm 2
39040 Villanders
Tel. 335 1438245
info@rinderplatz.com
www.rinderplatz.com

Innen 40 Plätze, auf der windgeschützten Terrasse 80.

Von Ostern bis eine Woche vor Christi Himmelfahrt und von Allerheiligen bis Weihnachten geschlossen. Kein Ruhetag.

Sehens- und Wissenswertes

- In der Gegend von Villanders wurde jahrhundertelang Erz abgebaut. Von der Straße von Villanders zum Parkplatz auf der Alm zweigt in einer Linkskehre der Zufahrtsweg zu dem von einem privaten Verein mustergültig hergerichteten St.-Elisabeth-Schaustollen ab. Führungen: Tourismusverein Villanders, Tel. 0472 843121
- Das Hochmoor-Biotop der Villanderer Alm ist ein einzigartiger Lebensraum mit ausgedehnten Beständen von Latschen und Torfmoosen, die von bewirtschafteten Almwiesen unterbrochen sind – ein seltenes Beispiel für ein Deckenmoor. Leider ist das einmalige Gebiet durch Entwässerungsversuche von Bauern, die für die Schutzausweisung wenig Verständnis aufbringen, gefährdet.

Wanderungen

- Das weite Gelände ist ein ideales Wandergebiet, unzählig sind die Ziele, vom gemütlichen Spazierweg bis zur anspruchsvollen Bergtour: Zum Rittner Horn (2260 m), zur Stöfflhütte (2057 m), Zum Toten (2186 m) – einer kleinen Bergkirche am Übergang ins Sarntal – oder auf den Villanderer Berg, mit 2509 m die höchste Erhebung der Gegend.
- Ab dem Sambergerhof (1530 m) an der Almstraße (Parkplatz) führt ein leichter Wanderweg in 1½ Stunden den ehemaligen Waal entlang, der das Bergwasser zur Erzaufbereitungsanlage brachte, zur Rinderplatzhütte (1800 m). Markierung 22 und 23.

56 ANSITZ FONTEKLAUS

Auf einem Geländevorsprung oberhalb von Klausen steht auf einer Höhe von 897 m der Ansitz Fonteklaus. Der Name stammt von „fons clusa", was so viel wie gefasste Quelle bedeutet. Um 1700 baute die aus Klausen stammende Familie Jenner den Hof zu einem Jagdschlösschen um; am Portal ist noch die Jahreszahl 1706 zu sehen. Seit 1938 ist das Anwesen im Besitz der Familie Gfader, die es zu einem beliebten Ausflugsgasthaus machte.

Essen | Trinken

Die Speisekarte bietet eine Mischung aus Tiroler und italienischer Küche. Einige essen gerne die Gerichte mit italienischem Einschlag, etwa Schwertfisch mit Tomatentimbal oder Carpaccio auf Gemüse mit Vinaigrette, andere ziehen Tirolerisches vor wie die Tirtlan, Knödel, Schlutzkrapfen, Kartoffelteigtaschen mit Topfen- und Lauchfüllung. Besonders beliebt sind die schmackhaften Nudelgerichte aus der Pfanne, die Lamm- und Wildgerichte sowie die Nachspeisenteller, etwa die gebackenen Apfelknödel mit Vanilleeis und Preiselbeeren. Schöne Weinkarte mit Schwerpunkt auf Südtiroler Weinen.

Unterkunft

Es gibt neun Doppelzimmer und zwei Suiten, die alle mit Bad oder Dusche und Toilette ausgestattet sind. Mittlere Preislage.

Wie kommt man hin?

Von der Straße Richtung Gröden zweigt bald nach der Autobahnausfahrt Klausen die drei Kilometer lange, schmale Zufahrtsstraße ab.

Sehens- und Wissenswertes

- Bei guter Sicht können vom Ansitz Fonteklaus aus 77 Kirchtürme gezählt werden. Auf der Südseite des Hauses wurde ein kleiner Badeteich angelegt. Das Wasser wird dabei von einer dicht bepflanzten Regenerationszone auf natürliche Weise gereinigt. Auf den Holzstegen und der Liegewiese können die Hausgäste wunderbar entspannen.
- Eine Kapelle steht gleich neben dem Gasthaus. Sie ist dem hl. Rochus geweiht, der in Pestzeiten um Hilfe angerufen wurde.
- Die mittelalterliche Altstadt Klausens mit den Bürgerhäusern aus dem 15. Jh., der spätgotischen Pfarrkirche und dem Stadtmuseum ist einen Besuch wert.

Wanderungen

- Generationen von Schulklassen haben Fonteklaus zum Ziel ihrer Schulausflüge erkoren: Mit der Bahn geht es bis Klausen (522 m) und von dort auf gut beschilderten Wegen (Markierung 10) in 1½ Stunden nach Fonteklaus (997 m).
- Eine beliebte Frühjahrs- oder Herbstwanderung (Markierung 5) führt von Klausen (522 m) über Albions (890 m) nach Lajen (1102 m) – in der Nähe des Autobahnviadukts befindet sich die Stelle, von der aus Albrecht Dürer 1494/95 die Skizzen für den bekannten Kupferstich „Das große Glück" anfertigte. Von Lajen geht es über Fonteklaus (Weg Nr. 6, 4 und 10) wieder zurück nach Klausen. 5–6 Stunden Gehzeit sind zu veranschlagen.

Ansitz Fonteklaus
Fam. Gfader
Postfach 72
39043 Klausen
Tel. 0471 655654
Fax 0471 655045
info@fonteklaus.it
www.fonteklaus.it

Im Restaurant 60 Plätze, im Garten – teilweise unter einem schattigen, weit ausladenden alten Ahornbaum – 20 Plätze.

Von April bis Mitte November geöffnet, mittags und abends warme Küche, am Nachmittag kleine Gerichte und Kuchen, Donnerstag Ruhetag.

57 PITZOCK ESSEN & TRINKEN

In St. Peter in Villnöss, dem Hauptort des Tals, hat Oskar Messner aus einer gewöhnlichen Dorfkneipe ein ungewöhnliches Restaurant geformt. Klare Linien dominieren, oranges und schwarzes Glas, gebürstetes Lärchenholz für die maßgefertigten Tische, Stühle und die Täfelung der Stube mit dem großen Panoramafenster. Alles ist aufeinander abgestimmt und innen wie außen – auf der Terrasse mit Blick zum Garten und übers Tal – überraschend. Das Beste jedoch ist die einfache und kreative Küche des jungen Kochs. Mit „Pitzock" bezeichnen die Villnösser die Häusergruppe an der Abzweigung von der Talstraße nach St. Peter.

Essen | Trinken

Spiegeleier und Omeletts wird man vergeblich auf der Speisekarte suchen, dafür gibt es ungewöhnliche Kreationen wie schwarzgelbe Ravioli mit Flusskrebsen, Pilz- oder Pfifferlingrisotto, Carpacciobeutel gefüllt mit Artischocken, Pinienkernen und sardischem Pecorino, Kalbsrücken gegart in Almheu, Brennnesselknödel, Halbgefrorenes vom Alpenrosenhonig auf Erdbeerragout ... Die Liste der Köstlichkeiten auf den wechselnden Wochenkarten ließe sich beliebig fortsetzen.

Wie kommt man hin?

Das Restaurant liegt an der Hauptstraße nahe der Abzweigung ins Dorf St. Peter im Villnösser Tal.

Sehens- und Wissenswertes

Von St. Peter aus führt eine fast ebene, asphaltierte Straße in 20 Minuten zum Kirchlein St. Valentin. Es wurde 1303 erstmals urkundlich erwähnt. Schmuckstücke der Kirche mit dem romanischen Steinhelm-Turm sind das Christophorusfresko an der Außenfassade und der gotische Schnitzaltar aus der Brixner Klocker-Werkstatt. Im Schrein Maria mit dem Kind, St. Valentin und St. Wolfgang. Die Bilder an den Altarflügeln stammen aus der Nachfolge der Pacherschule und stellen die Legende des hl. Valentin dar, der bei epileptischen Krankheiten angerufen wurde.

Wanderungen

Der Talschluss von Villnöss gehört zum Naturpark Puez-Geisler. Die Parkverwaltung hat einen 3 km langen, rollstuhlgerechten Naturerlebnisweg mit Beginn beim Parkplatz Zans angelegt. Er soll die einzigartige Landschaft des Naturparks, die bäuerliche Kulturlandschaft, die Wälder und Almwiesen zu Füßen der imposanten Geislerspitzen näher bringen. Die 14 Stationen des Wegs, von denen einige mit Brailleschrift ausgestattet sind, informieren über die Entstehung und die naturkundlichen Besonderheiten dieses Gebiets.

Talauswärts, nach der Häusergruppe von Pitzock (1099 m), geht ein asphaltierter Hofzufahrtsweg, mit Nr. 31 markiert, über den Villnösser Bach und leicht ansteigend durch Wiesen und Wald aufwärts. Nach etwa 20 Minuten biegt rechts ein markierter Steig steil zum Bach und zu den schönen Flitzer Wasserfällen (1200 m) ab. Hin und zurück 1½ Stunden.

Ein kurzer, kinderwagentauglicher Spazierweg führt über die alte, für den Verkehr gesperrte Talstraße ab Pitzock auf der rechten Seite taleinwärts und in 20 Minuten zum Gasthof Bruggmüller.

Pitzock Essen & Trinken
Fam. Messner
St. Peter 106
39040 Villnöss
Tel. 0472 840127
oder 347 1911604
info@pitzock.com
www.pitzock.com

Drinnen wie draußen jeweils 30 Plätze.

Ganzjährig geöffnet, Mittwoch Ruhetag, donnerstags ab 17 Uhr geöffnet (außer im August).

58 JAUSENSTATION MOAR

Am Südhang des Waldrückens, der das Villnösser vom Aferer Tal trennt, liegen auf einer sonnigen Ebene die Jochhöfe, darunter der Moarhof (1320 m). Wie der Name Moar (vom lateinischen maior, der Obere/Größere, also eine Art Oberbauer) sagt, handelt es sich um eine alte Hofstelle. Die Jausenstation wurde 1979 neu gebaut. Robert Pernthaler ist ins Gastgewerbe gewechselt, um den Betrieb von der Mutter zu übernehmen. Die ruhige Lage – die kaum befahrene Straße ist hier zu Ende – macht das Berggasthaus zu einem beliebten Ausflugsziel für Familien.

Essen Trinken

Die Küche bietet traditionelle Gerichte aus Südtirol an: von Knödel- und Gerstsuppen über Rohnenknödel, Schlutzkrapfen, Erdäpfelblattln mit Sauerkraut und Kaiserschmarrn bis hin zu Wildgerichten vom Reh und Hirsch (der Wirt ist auch Jäger!). Unter den Mehlspeisen sind die Buchweizentorte und der reichlich mit Pinienkernen bestückte Apfelstrudel besonders empfehlenswert. Im Herbst stellt man sich auf das Törggelen ein, mit Schlachtplatten, selbst geräuchertem Speck, Hirschwürsten und gebratenen Kastanien.

Unterkunft

Es gibt zehn Betten in zwei Ferienwohnungen und ein Doppelzimmer.

Wie kommt man hin?

Ab St. Peter/Villnöss sind es 5 km auf asphaltierter Straße bis zum Moarhof.

Jausenstation Moar
Fam. Pernthaler
St. Jakob 18/a
39040 Villnöss
Tel./Fax 0472 840318
pernthaler_robert@hotmail.com
www.jausenstationmoar.com

In zwei Räumen, darunter einem getäfelten Stübchen, 50 Plätze, auf der Sonnenterrasse vor dem Haus 60.

Von Ostern bis Ende November geöffnet. Montag Ruhetag, im Sommer kein Ruhetag.

Sehens- und Wissenswertes

- Das Mineralienmuseum im Vereinshaus von Teis zeigt eine Besonderheit der Gegend, die „Teiser Kugeln": runde Drusen von Nuss- bis Kindskopfgröße, die im Porphyrgestein vorkommen und im Inneren von Kristallen, u. a. Kalzit und Amethyst, überzogen sind.
  Infos: Tel. 0472 844522, www.mineralienmuseum-teis.it
- Auf der Kuppe eines Wiesenhügels bei St. Peter liegt in wunderschöner Aussichtsposition das gotische Kirchlein zum hl. Jakob, dem Patron der Pilger und Wanderer. Erstmals wurde es 1349 urkundlich erwähnt, die heutige Form erhielt es um 1500. Die Kirche ist von einer Mauer mit Rundbogentor umgeben und birgt einen schönen gotischen Flügelaltar. Zu besichtigen von Juni bis Ende Oktober, donnerstags von 16 bis 17.30 Uhr und sonntags von 16 bis 18 Uhr. Von St. Peter aus führt ein kaum befahrener, asphaltierter Weg leicht ansteigend in 20 Minuten zur Kirche.

Wanderungen

- Von Teis (962 m) wandert man entlang der Markierung Nr. 30A über Wiesen, Forstwege und auf Waldsteigen in einer guten Stunde zu den Jochhöfen (1320 m). Zurück bietet sich ein neuer Wandersteig (Nr. 12), am Zinnerhof vorbei, an. Kurz vor Teis (jetzt Markierung 11) überquert er den Gostnergraben, in dem viele der prächtigen Teiser Kugeln gefunden wurden. Gehzeit insgesamt 3–4 Stunden.
- Ein Wanderweg (Nr. 11) mit schönsten Ausblicken zu den Geislerspitzen führt von St. Peter (1150 m) eben zur St.-Valentin-Kirche, von dort steil zur Kirche St. Jakob (1256 m) und dann wieder eben, teils auf der Asphaltstraße, teils auf einem parallelen Wandersteig, zum Moar (1320 m). Gehzeit 1½ Stunden.

59 KIRCHERHOF

Gemütlichkeit der feinen Art bietet der Kircherhof dank seiner ruhigen und sonnigen Lage inmitten üppiger Obstanlagen bei der Kirche in Albeins südlich von Brixen. Das über 500 Jahre alte Haus wurde mustergültig renoviert, viel alte Bausubstanz blieb erhalten, helles Holz und Glas geben den Räumen Licht. Der Kircherhof ist für Familienfeiern, Feste und Firmenessen beliebt, die gute Küche trägt das ihre dazu bei. Im Untergeschoss ist ein Kellerlokal für besondere Feiern wie etwa Törggelefeste eingerichtet. Da kann es ohne weiteres auch mal laut und spät werden, ohne dass die Nachbarn sich beschweren! Auf dem großzügigen Kinderspielplatz fühlen sich die Kleinen wohl.

Essen | Trinken

Peter Noflatscher und seine Frau Veronika sind Quereinsteiger in der Gastronomie, haben aber den richtigen Zugang zu den Gästen gefunden. Es wird verfeinerte Tiroler Kost mit italienischem Einschlag angeboten, am Freitag steht Fisch auf dem Menü, das meiste Obst und Gemüse stammt vom eigenen Bauernhof. Das schätzen die vielen Tagesgäste der Betriebe aus der nahen Brixner Gewerbezone, die hier neben dem Essen ihre Geschäfte anbahnen. Die Kuchen, die beim Kaffeekränzchen am Nachmittag zu Kaffee und Tee verzehrt werden, sind hausgemacht. Dass Peter Noflatscher Weinliebhaber ist, zeigt sich an der gut sortierten Weinkarte und am schönen Weinkeller.

Unterkunft

Drei Ferienwohnungen für bis zu 16 Personen.

Wie kommt man hin?

Der Kircherhof liegt mitten in Albeins, direkt neben der alten (kleinen) Kirche.

Sehens- und Wissenswertes

- Die kleine Margarethenkirche neben dem Kircherhof ist das älteste Albeinser Gotteshaus mit gotischen und barocken Freskenresten.
- Um vor Überschwemmungen des gefährlichen Sader-Bachs aus dem Aferer Tal sicher zu sein, baute man um 1320 auf einem erhöhten Standpunkt die große Pfarrkirche, sie wurde am Ende des 15. Jh. umgebaut und schließlich 1784 barockisiert. Sie ist den (selten vorkommenden) Heiligen und Märtyrern Hermagoras und Fortunatus geweiht (Bild am Hochaltar). Ein Besuch der Kirche lohnt nicht nur wegen ihrer für ein kleines Dorf beeindruckenden Größe und Pracht, sondern auch wegen der sonnigen, freien Lage mit schönem Ausblick über das Eisacktal. Hinter der Kirche ziehen sich die letzten Weinberge der Gegend den Hang hoch.

(Rad-)Wanderungen

- Für die 370 m Höhenunterschied auf dem Güterweg von Albeins (586 m) über Kasserol und weiter bis Teis (962 m) wird eine gute Stunde benötigt. In Teis lockt das Mineralienmuseum zu einem Besuch. Es zeigt unzählige Geoden – kristallhaltige hohle Gesteinskugeln – aus dem Gostnergraben sowie andere, meist heimische Mineralien. Der Rückweg kann über Nafen (806 m) erfolgen; auf dem Waldsteig Nr. 4 ins Tal zurück. Gesamtgehzeit 2½ – 3 Stunden.
- Warum nicht mal einen Radausflug unternehmen? Von Brixen aus zieht sich an beiden Eisackufern südwärts ein schöner Radweg bis Albeins hin, so ist für Abwechslung bei Hin- und Rückfahrt gesorgt. Wegen der geringen Steigung ist der Weg auch für Kinder und wenig geübte Radfahrer geeignet. Streckenlänge 12 km.

Kircherhof
Fam. Noflatscher
Albeins 12
39042 Brixen
Tel./Fax 0472 851005
noflatscher@dnet.it
www.kircherhof.it

Innen 40 Plätze, auf der Terrasse, zum Teil unter dem Schatten von Markisen, 30.

Im Januar geschlossen, Montag Ruhetag.

60 SCHATZERHÜTTE

Die Hütte liegt auf 2004 m Meereshöhe am Südhang des Gablers im Plosegebiet. Die atemberaubende Berglandschaft um Aferer Geisler und Peitlerkofel lädt nicht nur Wanderer zum Verweilen ein, auf der Schatzerhütte werden auch gerne große Feste wie Hochzeiten oder Geburtstage gefeiert. Die Hütte verfügt über ein eigenes kleines Wasserkraftwerk, das die nötige Energie für Beleuchtung, Heizung und Warmwasser liefert – so ist es im Haus zu jeder Jahreszeit wohlig warm. Im Holzbackofen hinter der Hütte wird das Brot für den Eigenbedarf gebacken.

Essen | Trinken

Der Besitzer der Schatzerhütte, Franz Pernthaler, ist mit Leib und Seele Koch. Ein Blick in die Küche verrät, dass Essen hier wahrlich eine erstrangige Rolle spielt. Überall blitzt Edelstahl: Die moderne Technik würde jedem großen Haus zur Ehre gereichen. Wanderer werden mit rustikaler Hausmannskost von der Tageskarte verwöhnt: Schlutzkrapfen, Kasnocken, Knödelsuppe, Gulasch, Speckeier, Omeletts, Kaiserschmarrn, Nudeln und Brettljausen. Die Hausgäste erwartet am Abend ein abwechslungsreiches Drei-Gänge-Menü. Franz Pernthaler, der unter anderem in München bei Starkoch Heinz Winkler die Kunst der gehobenen Küche erlernt hat, bietet auf Vorbestellung für Feinschmecker mehrgängige Menüs mit Fisch, Wild und hausgemachten Köstlichkeiten.

Unterkunft

In der Hütte gibt es 24 Schlafplätze. Bad und Toiletten sind nach Vorschrift, wie in Schutzhütten üblich, nicht in die Zimmer integriert. Übernachtungen sollten in jedem Fall telefonisch gebucht werden!

Wie kommt man hin?

Wer zur Schatzerhütte (2004 m) will, muss zu Fuß gehen und benötigt auf dem breiten, gut ausgeschilderten Spazierweg vom Parkplatz bei der Hotelsiedlung „Brixner Skihütte" (1911 m) ausgehend ca. 40 Minuten. Gepäcktransport für Hausgäste. Im Winter wird der Weg gespurt.

Wanderungen

- Für Wanderungen im Gebiet um die Plose ist die Hütte (2004 m) der ideale Ausgangspunkt. Lohnenswerte Ziele sind der Gabler und die Pfannspitz; die ca. 500 Höhenmeter kann man in rund 2 Stunden überwinden. Eine leichte Wanderung führt zum nahen Würzjoch (1998 m). In unmittelbarer Nähe ragen der Peitlerkofel (2875 m) und die Aferer Geisler auf.
- Für die beliebte Tour rund um den Peitlerkofel, den nordwestlichsten Berg der Dolomiten, benötigt man (ausgehend von der Schatzerhütte) 6–7 Stunden.
- Die Schatzerhütte dient als Ausgangspunkt für leichte und ungefährliche Ski- und Schneeschuhtouren auf den Gabler.

Schatzerhütte
Franz Pernthaler
Afers
39042 Brixen
Tel. 0472 521343
www.schatzerhuette.com

Drinnen 50 Plätze, draußen 80.

Von Ende Mai bis Allerheiligen, vom 26. Dezember bis 6. Januar, in der Faschingswoche sowie in der Osterwoche durchgehend geöffnet; außerdem an allen Wochenenden von Januar bis Ostern; in der übrigen Zeit nur für Hausgäste (auf Anfrage). Bei schlechtem Wetter ist es in der Nebensaison ratsam, sich über die Öffnungszeiten zu informieren.

61 WIRTSHAUS SUNNEGG

Im Brixner Becken erreicht die Weinrebe ihre nördlichste Verbreitung im Eisacktal. Auf dem sonnigen Hang im Nordosten des Städtchens liegt inmitten der schönsten Weinleiten das Wirtshaus Sunnegg und schaut über die Haus- und Kirchendächer Brixens. Schon die Eltern des Wirts betrieben hier einen Buschenschank, der kontinuierlich zum Ausflugsgasthaus in seiner heutigen Form ausgebaut wurde.

Essen | Trinken

Das Wirtshaus Sunnegg liegt im Herzen der besten Weingegend Brixens, bis nach Elvas und Neustift zieht sich ein zusammenhängender grüner Rebengürtel hin, gar mancher der Szenewinzer hat hier seine Güter. Auch der blaue Zweigelt und der Sylvaner des Hauses können sich sehen bzw. trinken lassen, die Auswahl an vorzüglichen Flaschenweinen der Gegend ist beachtlich. Sohn Alexander hat das Rüstzeug für die Küche in der Fachschule gelernt und setzt es jetzt gekonnt in die Praxis um, wobei er der jeweiligen Jahreszeit Rechnung trägt: Im Frühjahr gibt's viele Spargel-, im Sommer leichte Gemüsegerichte, im Herbst die typischen Törggelespeisen mit Kastanien und Schlachtplatten, in der kalten Zeit Wildgerichte. So ist die Karte eine glückliche Mischung aus einheimischen Südtiroler und italienischen Spezialitäten. Wenn möglich, kommen Kräuter und Gemüse aus dem eigenen Garten dazu, der Speck ist hausgemacht, wie auch etliche Säfte.

Unterkunft

Es stehen Ferienwohnungen für bis zu 16 Personen zur Verfügung.

Wie kommt man hin?

Vom Kreisverkehr vor der Siedlung Rosslauf im Norden der Stadt 1 km nach Kranebitt.

Sehens- und Wissenswertes

- Brixen hat so viel an Sehenswürdigkeiten zu bieten, dass die Auswahl schwer fällt: vom Bummel durch die Laubengassen der Altstadt bis zum Diözesanmuseum in der ehemaligen Residenz der Fürstbischöfe. Die prächtig ausgestatteten Kirchen am Domplatz sind genauso sehenswert wie der Kreuzgang des Brixner Doms, der mit wertvollen gotischen Fresken ausgeschmückt ist.
- Nicht weit von Sunnegg liegt Neustift mit dem gleichnamigen Kloster. Seit seiner Gründung im 12. Jh. ist das Stift ein Zentrum der Kunst und Kultur. Kirche, Bibliothek und Gemäldegalerie bergen zahlreiche Kunstschätze. Zur Klosteranlage gehört auch eine bekannte Kellerei; ein Muss für alle Weinbeißer, die einen fruchtigen Weißwein zu schätzen wissen.

Wanderungen

- Von Brixen führt ein Fußweg am Eisack und den Hartmannsweg entlang in 20 Minuten zum Wirtshaus Sunnegg.
- Die beste Zeit für eine Wanderung ist der Frühling, wenn die Obstbäume der Apfelgärten blühen, oder der Herbst, wenn sich die Weinberge bunt färben. Sunnegg liegt am Weg Nr. 15, der Brixen mit Neustift verbindet. Gehzeit nach Neustift hin und zurück 3 Stunden.

Wirtshaus Sunnegg
Hermann und Irmgard Thaler
Kranebitt, Weinbergstr. 67
39042 Brixen
Tel. 0472 834760
info@sunnegg.com
www.sunnegg.com

In vier Stuben 80 Plätze, auf der Gartenterrasse unter Weinlauben mit schöner Aussicht auf die Stadt 50.

Von Mitte Januar bis Mitte Februar und von Ende Juni bis Anfang Juli geschlossen, Mittwoch und Donnerstag mittags Ruhetag.

62 GASTHOF KASPERERHOF

Der Kaspererhof ist ein uriges Bauerngasthaus, das sich in der Häusergruppe von Ritzail am Sonnenhang des einsam gelegenen Maulser Tals befindet. Seit etlichen Jahren ermöglicht eine gut ausgebaute Zufahrtsstraße eine bequeme Anfahrt. Trotzdem ist es hier oben selten überfüllt, der Ort strahlt eine magische Ruhe aus. Das auf 1450 m gelegene und bereits im 13. Jh. urkundlich erwähnte Haus bezieht den Strom aus dem eigenen Wasserkraftwerk, weshalb mit Energie und Heizung nicht gespart werden muss.

Essen Trinken

Frau Bacher war zehn Jahre lang als Köchin in guten Häusern in Sterzing tätig und setzt das Erlernte in ihrer eigenen großen Küche gerne um. Natürlich spielt im Berggasthaus die heimische Kost die dominierende Rolle: Hausgemachte Schlutzkrapfen, Nockentris, Eier mit Speck oder Omeletts essen die vorbeikommenden Wanderer gern; auf Vorbestellung gibt's allerlei Braten. Die Jäger aus der Gegend (70 Rehe und Gämsen werden im Revier erlegt) lassen beim Kasperer ihr Wild zubereiten, da ist die Fleischtruhe immer gut gefüllt. An den Wochenenden werden meist Krapfen und ein Kuchen (oft Buchweizentorte) gebacken. Speck, Graukäse und Butter sind selbst gemacht.

Unterkunft

Es werden zwei gemütliche Gästezimmer angeboten.

Wie kommt man hin?

Von Mauls sind auf der 6 km langen Straße ins Maulser Tal 500 Höhenmeter zu überwinden.

Gasthof Kaspererhof
Anna Maria und Herbert Bacher
Ritzail 76
39040 Freienfeld
Tel. 0472 771101

Innen 20 Plätze, außen 30.

Ganzjährig geöffnet, Montag Ruhetag (außer in der Hochsaison).

Sehens- und Wissenswertes

- Die Wallfahrtskirche Maria Trens ist nach Maria Weißenstein der wohl bedeutendste Wallfahrtsort Südtirols. Die Kirche stammt aus dem Jahre 1470. Interessant sind zahlreiche Votivtafeln für erlangte Gnade. Ganztägig geöffnet.
- Wenig nördlich von Mauls liegt auf einer Felskuppe zwischen der Straße und dem Eisack eine Burg, die wesentlich jünger ist, als sie aussieht. Burg Welfenstein, auch Maulser Schlössl genannt, wurde zwar bereits im 13. Jh. urkundlich erwähnt, verfiel aber im 16. Jh. bis zur Ruine. Ende des 19. Jh. ließ der damals berühmte Innsbrucker Maler Edgar Meyer die Burg im Stile der aufkommenden Burgenromantik teilweise neu aufbauen. 1918 brannte die Anlage vollständig aus, wurde später wieder renoviert und hatte noch eine Bestimmung als Hotel.

Wanderungen

- Das Maulser Tal zieht sich vom Kasperer gegen Osten bis zum Valler Jöchl hin, das den Übergang ins Valser Tal oder über die Höhenrücken nach Spinges ermöglicht. Vom Valler Jöchl (1920 m; bis hierher vom Kasperer 1½ Stunden) aus geht ein Weg (Nr. 11) über schöne Wiesen und Weiden zum Ochsenboden (1934 m) und in leichtem Auf und Ab in westlicher Richtung zu den Planer Almen (1938 m; Valler Jöchl bis hierher 1½ Stunden), einem herrlich gelegenen Gelände am Rande des Eisacktals oberhalb der Sachsenklemme. Wer einen Gipfelsturm anstrebt, erreicht von der Planer Alm aus in 20 Minuten den nördlich aufragenden, 2021 m hohen Großen Nock.
- Von Mauls (930 m) her zieht sich der alte Kirchweg, mit 10 markiert, in 1½ Stunden zum Kasperer (1450 m) hoch, auf kurzen Abschnitten deckt sich der Weg mit der asphaltierten Zufahrt.

63 DIE BURGSCHENKE

Auf der Südwestseite des Sterzinger Talkessels liegt auf einem aus der Talebene aufsteigenden Felsriegel die mächtige, vollständig erhaltene Burg Reifenstein und dahinter, am Fuß der bewaldeten Bergflanken der Weiler Elzenbaum. An dessen Ortsende, an der Auffahrt der Jaufenstraße, steht ein herrschaftliches, zinnengekröntes Anwesen, die Senftenburg. Sie war einst der Wohnsitz des „Pflegers", des Verwalters der adeligen Herrschaften auf Reifenstein. Zu ebener Erde ist ein sympathisches Gastlokal untergebracht, die Burgschenke.

Essen | Trinken

Frau Brigitte hat sich ganz der typischen Tiroler Küche verschrieben, dabei werden viele Produkte vom eigenen Hof verwendet. So manches ist hausgemacht, die Schlutzkrapfen, die Milzschnitten für die Suppe, der Speck und die Marmeladen. Ihr Mann ist Jäger und sorgt daher für den Nachschub für die Wildgerichte. Reh- und Hirschgulasch, dazu Polenta aus dem Kupferkessel, sind bei den italienischen Gästen äußerst gefragt. Auf der Karte ist eine kleine, repräsentative Auswahl an Südtiroler Weinen vertreten.

Wie kommt man hin?

Am südlichen Ende des Sterzinger Mooses, der Talebene, führt die Zufahrtsstraße über eine Brücke nach Elzenbaum.

Sehens- und Wissenswertes

- Schloss Reifenstein ist sehr gut erhalten und komplett eingerichtet. Zu besichtigen nur mit Führung, Tel. 0472 765879 oder 333 3927434.
- Auch die Senftenburg ist ein interessanter Bau, dessen Ursprünge ins 12. Jh. zurückreichen. Die Pfleger, die Verwalter, konnten bei geschickter Ausübung ihrer Tätigkeit Vermögen und Ansehen erringen. So wurde die Pflegerfamilie Kofler 1609 als Kofler von Rundenstein und Senftenburg in den Adelsstand erhoben. Später wurde der Ansitz als Bauernhof geführt, 1805 erwarb ihn Josef Lergetbohrer; heute noch wird die Senftenburg als landwirtschaftlicher Betrieb im Besitz der Familie Gschnitzer-Lergetbohrer geführt.
- Das nahe Sterzing hat viel zu bieten: eine intakte historische Altstadt und das Deutschordenhaus mit Multscher- und Stadtmuseum, dessen Herzstück Teile des spätgotischen Flügelaltars von Hans Multscher aus dem Jahr 1459 sind (Infos: Tel. 0472 766464). Die Hl.-Geist-Spitalkirche am Stadtplatz birgt spätgotische Fresken. Die Pfarrkirche „Unsere liebe Frau im Moos" ist eines der größten gotischen Bauwerke Tirols. In ihrem Inneren, an der nördlichen Langhausseite, befindet sich der römische Grabstein der Victorina.

Wanderungen

- Durch die südlich von Elzenbaum (893 m) gelegene Wiesen- und Aulandschaft schlängelt sich ein bequemer Spazierweg („Sterzinger Rundweg", S) durch Häusergruppen zum Nachbardorf Stiltes (962 m) an der westlichen Talseite. Gehzeit ca. 1 Stunde.
- Auf der gegenüberliegenden Talseite dominiert Burg Sprechenstein von einer Felskuppe aus das Eisacktal. Ein Weg (Markierung 24) führt von Freienfeld über Trens dorthin. Für Hin- und Rückweg sind etwa 1½ Stunden einzuplanen, 170 Höhenmeter.

Die Burgschenke
Fam. Gschnitzer
Elzenbaum 13
39040 Freienfeld
Tel. 0472 766342

In zwei holzgetäfelten Stuben und einem urigen Keller 50 Plätze, außen 10 Plätze.

Ganzjährig geöffnet von 11.30 bis 24 Uhr, Montag Ruhetag.

64 BRAUNHOF

Auf dem Geländebuckel, der Wiesen-Pfitsch vom Wipptal trennt, liegt auf 1346 m der Braunhof, einer der letzten Höfe der Streusiedlung Schmuders. Die Jausenstation wird von Einheimischen wie Feriengästen gleichermaßen gern aufgesucht: Auf der sonnigen, windgeschützten Terrasse vergisst man schnell die Hektik der nahe gelegenen Brennerautobahn bzw. den Trubel in den Straßen von Sterzing. Im Winter beginnt ein Stück oberhalb eine Rodelbahn.

Essen Trinken

Am Bauernhof und im Gasthaus packt die gesamte Familie Staudacher an. Geboten wird gute Hausmannskost. Die Küche ist bekannt für ihr „Tris", das aus hausgemachten Käse- und Spinatknödeln sowie Schlutzkrapfen besteht. Aus der eigenen Küche kommen auch die halbmondförmigen, süßen Eisacktaler Bauernkrapfen mit Apfel-Mohnfüllung. In der Saison ergänzen Pilzgerichte die Karte, die besonders bei den italienischen Gästen hoch im Kurs stehen. An Sonn- und Feiertagen werden oft Braten, Wild oder Schweinerippchen aufgetischt. Darüber hinaus gibt es hausgeselchten Speck, solange der Vorrat reicht, und gesottene Hauswürste.

Wie kommt man hin?

Zwischen Sterzing und Wiesen zweigt von der Talstraße die fünf Kilometer lange Zufahrt zum Braunhof ab.

Sehens- und Wissenswertes

- Auf der Fahrt zum Braunhof fällt bei Wiesen im Talgrund Schloss Moos ins Auge, das früher von der Adelsfamilie Trautson bewohnt wurde.
- Unterhalb des Braunhofs, beim Wetterkreuz auf dem markanten Geländesporn beim Gschlei-Boden, hat man eine tolle Aussicht auf Sterzing.
- Mareit am Eingang von Ridnaun wird vom eindrucksvollen Bau des Schlosses Wolfsthurn beherrscht, das in seinen Räumen das Landesmuseum für Jagd und Fischerei beherbergt. Zu sehen ist eine umfangreiche Sammlung von Jagdtrophäen, Jagdgobelins sowie originalen Einrichtungsgegenständen mit einem Bezug zur Jagd.
- Südlich von Sterzing thronen auf zwei Felsvorsprüngen die Burgen Reifenstein und Sprechenstein. Reifenstein ist im Besitz der Fürsten von Thurn und Taxis und kann (mit Führung) besichtigt werden. Infos: Tel. 0472 765879 oder 333 3927434

Wanderungen

- Man erreicht den Braunhof bequem zu Fuß; Gehzeit vom Bahnhof Sterzing (952 m) 1–1½ Stunden.
- Auch ab Schloss Moos (943 m) kann man in rund einer Stunde über sonnige Wiesen zum Braunhof aufsteigen. Allerdings ist dieser rotweiß markierte, etwas steile Zugang nur im Sommer zu empfehlen, im Winter wird der Weg zum Holztransport genutzt und ist eisig. Ein bequemerer Weg führt von der Sterzinger Seite ab Maibad beim gleichnamigen Gasthaus in 1½ Stunden zum Hof.
- Hinter dem Braunhof (1346 m) beginnt Weg 6 zum Saun, einem 2085 m hohen Gipfel; die Wanderung kann bis zur Weißspitze (2714 m) verlängert werden. Der Rückweg verläuft dann entlang Markierung 3 über die Riedberger und die Brandneralm. Gehzeit ca. 7 Stunden.

Braunhof
Fam. Staudacher
Schmuders 245
39040 Wiesen-Pfitsch
Tel. 0472 764695

25 Plätze in der Stube, 50 auf der Gartenterrasse.

Ganzjährig geöffnet, von Ende November bis Weihnachten geschlossen, durchgehend warme Küche, in der Nebensaison Dienstag Ruhetag.

65 PFITSCHERHOF

In der ländlichen Idylle des abgeschiedenen, von hohen Bergen eingerahmten Pfitscher Tals, das bei Sterzing beginnt, liegt der sympathische Familienbetrieb Pfitscherhof. Im Winter ist das Tal ein wunderbares Langlaufgebiet mit sehr gut gespurten Loipen.

Essen | Trinken

Im Familienbetrieb sind drei Generationen im Einsatz; Marlene Tolloi steht in der Küche, ihr Mann Günther kümmert sich um das Haus und die Gäste. Der Pfitscherhof ist für seine authentische Hausmannskost bekannt: Omeletts, Kaiserschmarrn, Gerstsuppe, Hammelbraten, im Herbst Pilz- und Wildgerichte sowie der berühmte „Ganslbraten" mit Blaukraut, zu dem die Pfitscher Bauern die im Freien gehaltenen Gänse liefern. Verführerisch sind die selbst gebackenen Kuchen; die Krapfen mit Füllungen aus Mohn, Äpfeln, Topfen und Pinienkernen sind Spezialitäten des Hauses. Außergewöhnlich gut sortiert ist die Weinkarte mit Erzeugnissen aus den wichtigsten italienischen Anbaugebieten bei vernünftigen Preisen.

Wanderungen

- Eine leichte Wanderung auf einem herrlichen Panoramaweg mit geringer Steigung führt am Grenzgrat vom Pfitscher Joch (2251 m; auch mit Taxibus erreichbar) zur Landshuter Hütte (2713 m), jetzt Europa-Hütte. Die Staatsgrenze verläuft mitten durchs Haus. Zu Zeiten, in denen die Beziehungen zwischen Österreich und Italien belastet waren, stellte das für den Hüttenwirt ein Problem dar: Die österreichische Hälfte war bewirtschaftet, die italienische schien dem Verfall preisgegeben. Heute, im vereinten Europa, ist von dieser Grenze nichts mehr zu spüren.
- Eine klassische Pfitscher Tour ist die Besteigung des Hochfeilers (3510 m). Für den Aufstieg benötigt man ungefähr 5–6 Stunden. Viele wählen deshalb am ersten Tag nur den Anstieg bis zur Hochfeilerhütte (2710 m) und für den nächsten Tag jenen zum Gipfel.
- Leichter und kürzer ist die Wanderung zur Grubberg-Alm (2006 m). Für die Rundwanderung ab Pfitscherhof (1442 m) benötigt man etwa 3 Stunden.
- Auf familienfreundlichen, ebenen Wegen kann man den Pfitscher Bach entlang durchs ganze Tal spazieren.

Sehens- und Wissenswertes

- Beim Weiler Stein im Talschluss wird weißgrün schimmernder Marmor (Silberquarzit) gebrochen, der beim Bau von Gartenwegen und Terrassen zur Verwendung kommt.
- Das Multscher-Museum in Sterzing beherbergt den wohl bedeutendsten Tiroler Altar aus der Werkstatt des schwäbischen Künstlers Hans Multscher. Das spätgotische Meisterwerk aus dem 15. Jh. inspirierte zahlreiche einheimische Künstler der Zeit – darunter Michael Pacher. Während des Faschismus schenkte Mussolini dem nationalsozialistischen Reichsmarschall Göring einige der Altarbilder; sie wurden erst Ende der 1950er-Jahre an Italien zurückgegeben, landeten zuerst in Florenz, später wieder in Sterzing.

Unterkunft

Es gibt 22 Betten in gemütlichen Zimmern. Mittlere Preislage.

Wie kommt man hin?

Das Haus liegt an der wenig befahrenen, breiten Straße im Weiler Platz, etwa in der Mitte des Pfitscher Tals.

Pfitscherhof
Fam. Tolloi
Platz 124
39040 Pfitsch
Tel. 0472 630115
Fax 0472 630614
info@pfitscherhof.it
www.pfitscherhof.it

40 Plätze in zwei getäfelten Stuben, 70 im Garten und auf der Wiese.

Ganzjährig geöffnet, durchgehend warme Küche, in der Nebensaison Montag Ruhetag.

PUSTERTAL, GADERTAL, TAUFERER AHRNTAL

Das Pustertal beginnt im Brixner Talbecken und reicht bis weit ins österreichische Osttirol hinein. Ohne besondere Steigungen erstreckt sich das „grüne Tal" parallel zum Alpenhauptkamm hin. Ungefähr in der Mitte bildet sich ein Becken, in dem das geschäftige Städtchen Bruneck liegt. Vom Pustertal zweigen mehrere größere Seitentäler ab, wie das Tauferer Tal, das Antholzer Tal, das noch von den rätoromanisch sprechenden Ladinern bewohnte Gadertal, das Gsieser Tal, das Pragser Tal und das Höhlensteintal.

Das Pustertal hatte aufgrund seiner geografischen Lage immer eine Brückenfunktion. So verband die Alemagna, eine der bedeutendsten Handelsstraßen, schon im Mittelalter die Hafenstadt Venedig mit dem deutschen Raum. Geologisch trennt das Pustertal den vergletscherten Alpenhauptkamm im Norden vom hellen Kalkstein der Dolomiten im Süden. Im nördlichen Tauferer Ahrntal umschließt der Kranz der Dreitausender herrliche Wälder, klare Bäche und tosende Wasserfälle. Im Süden zaubern die zackigen Gipfel der Dolomiten, die majestätisch über Almen und Wäldern aufragen, eine Landschaft von unvergleichlicher Schönheit.

Heuarbeit mit Blick auf Bruneck

66 WIRTSHAUS ANSITZ STRASSHOF

Etwas erhöht über Mühlbach thront auf einem Geländevorsprung der Ansitz Strasshof und scheint den seit jeher verkehrsgeografisch wichtigen Marktflecken am Eingang zum Pustertal zu bewachen. Bereits 1568 erwarb ein adeliger Herr, damals Richter im benachbarten Rodeneck, einen alten Bauernhof und baute ihn zur Residenz mit Erkerturm aus. Nach wechselvoller Geschichte gelangte der Strasshof Mitte des vorigen Jahrhunderts wieder in den Besitz der Familie Unterkircher. Heute bringen hier Maurizio Basso und Loredana Murru all ihre Küchen- und Service-Erfahrungen aus langjährigem Dienst in den besten Häusern Südtirols ein.

Essen | Trinken

Maurizio, der Sohn eines Eisenbahners, ist in der Gegend aufgewachsen, spricht fließend Südtiroler Dialekt und ist mit einheimischer Tiroler Kost bestens vertraut. Loredana ist Sardin und bringt eine interessante Note aus der mediterranen Küche ein. Das Ergebnis besticht: hausgemachtes Brot, Grissini, Nudeln, Orecchiette, Gnocchi, Culurgiones (mit Schafskäse und Kartoffeln gefüllte Teigtaschen), Fischgerichte, aber natürlich auch Kalbskopf, Schlutzkrapfen, Käsenocken und ein ausgezeichnetes Gröstl – gekochtes, in der Pfanne geröstetes Rindfleisch mit Bratkartoffeln.

Unterkunft

Zwei Ferienwohnungen werden vermietet.

Wie kommt man hin?

Von der Mühlbacher Ortsmitte etwa 300 m entfernt; kurz den Valser Bach entlang und in wenigen Kurven auf gut beschilderter Straße zum Parkplatz vor dem Haus.

Wirtshaus Ansitz Strasshof
Maurizio Basso und Loredana Murru
Spingerstr. 2
39037 Mühlbach
Tel. 0472 886142

60 Plätze in drei schönen, zum Teil getäfelten und antik möblierten Räumen, 40 auf der Terrasse mit wunderbarer Aussicht.

Von Mitte Juni bis Mitte Juli und im November geschlossen. Mittwoch Ruhetag.

Sehens- und Wissenswertes

- Die mächtigen Ruinen der ehemaligen Zollstation der Mühlbacher Klause sind das unübersehbare Wahrzeichen von Mühlbach. Die Festung wurde im 15. Jh. errichtet und in den letzten Jahren grundlegend saniert. Führungen von Juni bis Oktober donnerstags um 17 Uhr sowie nach telefonischer Vereinbarung. Tourismusverein Meransen, Tel. 0472 520197, oder Tourismusverein Mühlbach, Tel. 0472 849467
- Die für Besichtigungen offene Burg Rodenegg ist eine der größten Wehrburgen ihrer Zeit. Sie wurde um 1140 erbaut, die Ausstattung entstammt der Spätrenaissance. Berühmt sind die 1973 entdeckten Fresken zur „Iwein-Sage" (Anfang 13. Jh.). Besichtigung nur mit Führung. Infos: Tel. 0472 454056
- Aus dem ausgehenden 15. Jh. stammt die doppelstöckige Florianikapelle neben der Kirche von Mühlbach mit Außenfresken aus der Zeit Friedrich Pachers. Interessant ist der Rundgang mit Pfarrer Hugo Senoner. Er kann von einem großen Knochenfund aus konstantinischer Zeit, den er persönlich gemacht hat, erzählen. Infos: Tel. 0472 849769

Wanderungen

- Am Strasshof (760 m) vorbei verläuft der Wanderweg Nr. 7 zum aussichtsreich gelegenen Dorf Spinges (1100 m). Für den Rückweg bietet sich der Weg Nr. 9 über den Vogelbühel, die Katzenleiter, die Stöcklvater-Waldkapelle und dann wieder eben zurück nach Mühlbach an. Gehzeit 2–3 Stunden.
- Für die Dorfumrundung (blaue Markierung) von der Ortsmitte von Mühlbach über den Stöcklvaterweg, den Trimm-dich-Pfad, die Vallerbach-Brücke, den Komperwiesen-Steig zur Wohnzone „Panorama" und die Meransner Straße zur Ortsmitte zurück benötigt man gemütlich 1½ Stunden.

67 GATTERERHÜTTE AUF DER FANE-ALM

Im Talschluss des Valser Tals, das sich von Mühlbach zu den Pfunderer Bergen hinzieht, liegt auf einem Wiesenboden die Fane-Alm, die wohl schönste Almsiedlung Südtirols. Vor dem Hintergrund der mächtigen Dreitausender drängen sich in einer Wiesenmulde 33 schindelgedeckte Almhütten um ein kleines Kirchlein. Die Bauern aus Vals haben hier auf 1740 m ihre Sommeralmen, drei der Hütten sind bewirtschaftet, darunter die Gattererhütte.

Essen Trinken

Die Familie Gasser betreibt seit Jahren die erste Almwirtschaft am unteren Ende der Siedlung, die Gattererhütte. Frau Martha ist der gute Geist in der Küche, ihr Mann Hans und die Kellnerin Alexandra bedienen und versorgen die Gäste mit den bekannten Knödelspezialitäten: Spinat-, Pilz-, Brennnessel-, Bärlauch-, Rohnen-, Leber- oder Schwarzplenten-Knödel – oder dem beliebten Topfenschmarrn mit Apfelmus. Zu jeder Tageszeit gibt es die Brettljausen mit Südtiroler Speck, frischer Almbutter und -käse sowie hausgemachtem Brot.
Gleich neben der Gattererhütte steht die Zingerlehütte (Fam. Zingerle, Tel. 0472 547130). Die Kuttenhütte der Familie Johann Gasser ist die dritte bewirtschaftete Almhütte auf der Fane-Alm (Tel. 0472 547119 oder 348 5265076 www.kuttnhuette.it).

Unterkunft

Die Lechnerhütte mit Platz bis zu vier Personen kann im Sommer gemietet werden. Informationen holt man sich bei der Zingerlehütte.

Wie kommt man hin?

Von Vals führt die schmale, kurvenreiche Autostraße bis zum Parkplatz beim sogenannten Ochsensprung. Von hier fünf Gehminuten fast eben hinüber zu den Almen. Von Juni bis zur ersten Woche im Oktober Straßensperre von 9 bis 17.30 Uhr, kostenpflichtiger Shuttleservice für die Strecke Talebene bis Ochsensprung.

Sehens- und Wissenswertes

- Ein Bezugspunkt der Alm ist das schlichte, der Muttergottes im 19. Jh. geweihte Kirchlein. Am Samstag nach dem Almauftrieb (meist in den ersten Julitagen) wird ein Bittgang abgehalten, ein Geistlicher nimmt die Bach- und Almsegnung vor. Der alte Brauch ist noch nicht vom Tourismus vereinnahmt, da sind die Valler Bauern und Almbesitzer noch unter sich.
- Die Labeseben-Interessentschaft treibt im Sommer 250 Stück Rindvieh auf, täglich werden etwa 1000 l Milch zu Butter und Käse verarbeitet, die zum Teil ab Alm an Passanten verkauft oder an die Mitglieder abgegeben werden. Neben der Zingerlehütte steht eine neue Sennhütte, die Knuttnhütte, in der von Mai bis Oktober Almprodukte wie Käse, Butter und Buttermilch verkauft werden.
- Am Kasslanstag, dem 13. August, wird in der kleinen Marienkirche eine Messe gelesen, anschließend treffen sich die Bauern in den Almhütten zu einem Plausch und Kartenspiel. Früher wurde an diesem Tag auch der Almkäse von der Gemeinschaftsalm auf die Bauern aufgeteilt.
- Am letzten Sonntag im August hingegen steigt das große Almfest, es spielt die Böhmische, Schuhplattler treten auf, in den Hütten herrscht Kirchtagsstimmung.

Wanderungen

- Von der Talebene zur Fane-Alm wurde entlang des Bachs abseits der Autozufahrt ein Wanderweg angelegt. Gehzeit 1 Stunde, 385 Höhenmeter.
- Eine lohnende Wanderung führt von der Fane-Alm zur Brixner Hütte (2300 m), mit Sommerbewirtschaftung und prächtiger Bergumrahmung. Von der Fane-Alm auf breitem Weg 17 mäßig ansteigend hinauf zur eindrucksvollen Felsschlucht, der sogenannten Schramme, danach an der Weggabelung geradeaus, auf Steig 17 weiter talaufwärts und zuletzt in ein paar Serpentinen steil empor zur Hütte. Gehzeit 1½ Stunden, 560 Höhenmeter.
- Ein schönes Ziel ist der Wilde See am Fuße der Wilden Kreuzspitze (3135 m). Von der Fane-Alm (1739 m) bis zur Schramme, hier links ab, auf dem breiten Weg 18 leicht ansteigend zur Labeseben-Alm (2138 m), nun auf Steig 18 über begraste Hänge hinauf zum See (2538 m). Gehzeit ab Fane 2½ Stunden.
- Im Winter führt vom Ochsensprung auf der Fane-Alm eine 3 km lange Rodelbahn hinunter ins Tal. 300 Höhenmeter

Gattererhütte
Fam. Gasser
Fane-Alm
39037 Mühlbach
Tel. 0472 541056
oder 340 8000117
(telefonisch nur abends erreichbar)
info@gattererhuette.it
www.gattererhuette.it

Die Gattererhütte hat innen 40 Plätze; im Freien, auf Terrasse und breitem Balkon ist Platz für 50 Gäste.

Tagesbetrieb, von Ende April bis Anfang November und von Weihnachten bis Ostern geöffnet.
Ab 1. März ist immer eine der Hütten geöffnet.

Gutes hat bei uns Tradition.
Und Zukunft.

68 NUNEWIESER

Die Nonnen vom nahen Kloster Sonnenburg besaßen auf den Wiesen oberhalb von Terenten einen Bauernhof, den Nunewieser, was so viel wie Wieser von den Nonnen bedeutet. Der ehemalige Lehenshof wird heute von der Familie Winding bewirtschaftet. Der sympathisch unaufgeräumt wirkende Nunewieser, ein beliebter und gut besuchter Berggasthof, liegt frei und sonnig am Waldrand hoch über dem Pustertal. Der Ausblick auf die gegenüberliegenden Dolomiten ist erhebend.

Essen Trinken

Auf den Tisch kommt einfache, gepflegte Tiroler Hausmannskost; zu den Speckknödeln gesellen sich Käsenocken und die Schwarzplenten-Knödel. Vieles ist hausgemacht, so etwa die Schlutzkrapfen und der würzige „Zieger"-Käse, der – anders als sein Name meinen lässt – aus Kuhmilch produziert wird. An Sonn- und Feiertagen brutzeln immer ein Braten und Rippchen im Rohr, im Herbst auch Schöpsernes. Dass Wildgerichte auf den Tisch kommen, dafür sorgt Sohn Hannes, ein Jägersmann. Auf Vorbestellung werden mit Kraut, Topfen oder Spinat gefüllte Tirtlan oder süße Polsterzipfl und Krapflen gebacken, zur Verdauung seien dann die selbst angesetzten Kräuterschnäpse empfohlen.

Wie kommt man hin?

Die 3 km lange Zufahrt zweigt von der Hauptstraße bei Terenten ab und ist gut ausgeschildert.

Nunewieser
Fam. Winding
Schneebergstraße 7
39030 Terenten
Tel. 0472 546163

In zwei getäfelten Stuben gibt es 30 Plätze, vor dem Haus weitere 30.

Ganzjährig geöffnet, Montag Ruhetag.

Sehens- und Wissenswertes

- In Issing befindet sich der Issinger Weiher, der einzige Badesee des Pustertals. Der romantische, am Waldrand gelegene See verfügt über eine Liegewiese und ist ein Geheimtipp für heiße Sommertage. Gebührenpflichtig! Am See zwei Einkehrmöglichkeiten: Café am Issinger Weiher und Hotel Weiher.

- Hinter dem Nunewieser ragt auf einer Waldlichtung ein hausgroßer Felsblock auf, vermutlich ein Findling aus der Eiszeit, den die Gletscher beim Abschmelzen zurückließen. Um diesen Felsen, den der Volksmund Teufelsstein nennt, rankt sich eine Sage: Der Teufel, der mit diesem Stein das Dorf Mühlwald zerstören wollte, holte ihn von den Bergen bei Lüsen und flog damit durch die Luft. Als er sich über Terenten befand, läuteten plötzlich die Kirchenglocken und der Teufel, dem die Kräfte schwanden, ließ den Stein fallen.

Wanderungen

- An vielen Bachläufen in und um Terenten stehen alte Wassermühlen, die zum Teil auch heute noch zum Mahlen des Roggens benutzt werden. Auf einem Mühlenlehrpfad (Dauer etwa 2 Stunden) kann man einige der Mühlen besuchen. Der gut markierte Weg beginnt am Dorfplatz und führt als Rundweg nicht nur an Mühlen, sondern auch an alten Bauernhäusern, Kornspeichern und den Erdpyramiden von Terenten vorbei. Ab Mitte Mai ist eine der Mühlen immer montags (10 bis 13 Uhr) für Besucher zugänglich.
- Eine lohnende Tagestour bringt den Wanderer vom Nunewieser aus auf den 2405 m hohen Aussichtsberg „Am Joch" (Markierung 5). Der Rückweg führt über die Hofalm (2095 m) zur Pertinger Alm auf 2070 m, einer gemütlichen Einkehr (auch an den Wochenenden im Winter geöffnet, Weg 5A), und wieder zurück zum Ausgangspunkt. Gehzeit ca. 5–6 Stunden.
- Im Winter wird der 6 km lange Forstweg zur Pertinger Alm gerne für familienfreundliche Rodelausflüge genutzt. Auf der Alm (Tel. 348 9054028) können Rodeln ausgeliehen werden, die man beim Nunewieser wieder abgibt.

69 HOFSCHANK SCHIFFEREGGER

Von einem Südhang oberhalb von St. Sigmund, zwischen Obervintl und Kiens, schaut der Schifferegger über das untere Pustertal. Er ist der Stammhof der gleichnamigen weit verzweigten Familie. Die klimatisch begünstigte Lage dokumentiert der Flurname „Weinberg" für die Wiese unter dem Haus, wo auf immerhin 898 m Meereshöhe versuchsweise wieder Reben gepflanzt werden. An der Stelle des alten Bauernhauses wurde 1989 ein neues Gebäude errichtet. Der Hausherr ist Baggerunternehmer, seine Frau Edith betreibt mit Passion den Hofschank.

Essen | Trinken

In der Küche steht neben Frau Edith noch die Mutter, gebürtige Schnalstalerin und langjährige Köchin auf der Schöne-Aussicht-Hütte in Schnals. Es wird viel Wert auf einheimische Gerichte und natürliche Produkte gelegt. Eine Auswahl des Angebots: Gerstsuppe, Speckknödel, Pressknödel, Kasnocken, Tirtlan, Erdäpfelblattln mit Sauerkraut, Schwarzplenten-Ribler. Auf Vorbestellung wird die Spezialität des Hauses aufgetischt: Lamm- oder Kitzbraten aus eigener Aufzucht. Den Durst löschen etliche gute Weine, darunter ein Lagrein Riserva vom Eberle-Zisser-Hof sowie mehrere hausgemachte Säfte. Ein Geheimtipp sind die selbst gemachten Obstkuchen, Strudel, Rouladen und Krapfen.

Wie kommt man hin?

Ab dem Kirchplatz von St. Sigmund (Parkmöglichkeit) 2 km westwärts. Am Waldrand, nach zwei Serpentinen, ist der Schifferegger erreicht.

Sehens- und Wissenswertes

St. Sigmund besitzt eine für den kleinen Ort ungewöhnlich große Kirche, geweiht dem hl. Sigmund, König von Burgund. Lokaler Förderer war seinerzeit auch Herzog Sigmund der Münzreiche von Tirol. Im Inneren der Kirche steht einer der ältesten gotischen geschnitzten Flügelaltäre Tirols. Die Muttergottes wird von den Heiligen Jakobus und Sigmund flankiert. Das Jesukind hält in der Hand einen damals gebräuchlichen „Schnuller": zerstoßene, in ein Tüchlein gewickelte Mohnkörner, die auf das daran lutschende Baby einschläfernd wirkten. Eine weitere Kuriosität ist die Abbildung einer Päpstin unter dem Vordach des Südportals: Auf dem Fresko sind die Heiligen Aubet, Cubet und Quere – die drei Jungfrauen von Meransen – dargestellt, und eine von ihnen trägt die päpstliche Tiara.

Wanderungen

Die kaum befahrene Zufahrtsstraße von St. Sigmund (820 m) zum Schifferegger (898 m) verläuft zunächst über Wiesen, dann durch Wald. Sie bietet sich als kurzer Spaziergang an (Markierung 4, Gehzeit 20 Minuten). Eine etwas anspruchsvollere Runde ist der durchgängig als solcher markierte „Schmetterlingweg" – benannt nach den vielen Schmetterlingen, die im Sommer hier anzutreffen sind. Der Weg führt am Schifferegger vorbei stetig ansteigend zum Hof Gugge (1166 m), quert dann ostwärts den Berghang und bringt einen durch Wald und über Wiesen vorbei an den Höfen Falkensteiner (1115 m), Aichner und Kahler wieder zurück nach St. Sigmund (820 m). Gehzeit 3 Stunden, 420 Höhenmeter.

Hofschank Schifferegger
Fam. Marsoner
St. Sigmund
Im Peuern 8
39030 Kiens
Tel./Fax 0474 569509
oder 338 1768367
www.hofschenkeschifferegger.it

20 Plätze im gemütlichen, hellen Speiseraum mit Stubenofen, Ofenbank und schönem Ausblick. 30 Plätze im Garten.

Vom 1. März bis 31. Oktober von 10 bis 22 Uhr geöffnet, Dienstag Ruhetag. In der letzten Juni-Woche geschlossen. Im Winter am Freitag und Samstag sowie an Sonn- und Feiertagen geöffnet, ansonsten nur auf Vorbestellung. Doch Anmeldung ist in jedem Fall angeraten.

70 BERGGASTHOF HÄUSLER

Hoch oberhalb des kleinen Tals zwischen Ehrenburg und St. Lorenzen liegt an einem steilen Berghang der Weiler Ellen mit dem Berggasthof Häusler (1365 m). Die Mühen der kurvenreichen Anfahrt werden durch eine herrliche Fernsicht über den Talkessel von Bruneck und zu dessen Hausberg, dem Kronplatz, belohnt; im Norden glitzern die schneebedeckten Gipfel der Zillertaler an der Grenze zu Österreich. Familie Oberhammer bewirtschaftet den Häuslerhof seit Generationen. 1981 wurde die Gastwirtschaft eröffnet, mit Frau Adelheid, gelernter Köchin, hinter dem Herd – heute von den inzwischen erwachsenen Kindern tatkräftig unterstützt.

Essen | Trinken

Die Küche hat sich ganz auf den Geschmack der Ausflugsgäste und Bergtouristen eingestellt: Einfache Tiroler Kost dominiert, darunter Gulasch und Knödel, Jausenteller mit Speck, Kaminwurzen und dem lokalen Graukäse, aber auch Polenta mit Pilzen, Ragout oder Käse und hausgemachter Apfelstrudel. Jeden Donnerstag werden auf dem großen Grill im Freien verschiedene Grillgerichte, auch die schmackhaften Bratwürstchen, zubereitet. Im Herbst gibt's auf Bestellung die Pusterer Tirtlan.

Wie kommt man hin?

Von Montal, am Eingang zum Gadertal, führt eine 6 km lange, kurvenreiche und schmale Asphaltstraße nach Ellen zum Häusler.

Sehens- und Wissenswertes

In Ehrenburg steht Schloss Ehrenburg, der Stammsitz der Grafen Künigl. Die Burg wurde um 1700 vom Brixner Bischof Caspar Ignaz Künigl, der auch die weltliche Macht über ein großes Fürstentum ausübte, zum barocken Residenzschloss umgebaut. Es befindet sich noch heute im Besitz der Grafen Künigl. Das Schloss wurde vor einigen Jahren mit Hilfe der Messerschmidt-Stiftung restauriert und zeigt sich heute in seiner ganzen barocken Pracht. Es ist eines der wenigen Schlösser, die vollständig eingerichtet zur Besichtigung offen stehen und dem Besucher einen Einblick in vergangene Wohnkultur bieten. Im Sommer regelmäßige Führungen, sonntags geschlossen. Infos: Tel. 0474 565221

Wanderungen

Südwestlich vom Häusler erhebt sich der runde, steile Buckel des Astjochs (2127 m), ein sehr lohnender Aussichtsberg. Für den Aufstieg über den steilen Waldweg (Markierung 67) ist mit 2½ Stunden zu rechnen; 800 Höhenmeter. Mit dem Rückweg über die Astalm (Weg Nr. 67B) entsteht eine schone Tagesrunde. Gehzeit insgesamt 4–5 Stunden.

Unterkunft

Es gibt sechs Zimmer für insgesamt 15 Personen.

Berggasthof Häusler
Fam. Oberhammer
Ellen 12
39030 St. Lorenzen
Tel. 0474 403228
haeusler@dnet.it
www.berggasthof-haeusler.com

50 Plätze in zwei Stuben, davon eine mit einer Täfelung von 1878, sowie im Schankraum; weitere 50 auf der zum Teil mit einer Markise überdachten und verglasten Terrasse.

Von Mitte November bis Weihnachten geschlossen, Mittwoch Ruhetag (außer im August).

71 HOFSCHENKE LERCHNER'S

Kurz nach dem malerischen barocken Kirchlein von Pflaurenz am Beginn des Gadertals zweigt der Weg nach Runggen ab und führt zum Hofschank Lerchner's. Dieser liegt auf einem Wiesenhang über dem Tal auf 850 m und blickt zur gegenüberliegenden Michlsburg, zum Kronplatz und übers Brunecker Becken. Hier hat sich die Familie Lerchner in Nachbarschaft zum elterlichen Bauernhof den Traum eines eigenen schmucken Hauses verwirklicht. Der Hofschank, traditionell und doch modern, entwickelte sich rasch zu einem Anziehungspunkt für Einheimische und Urlaubsgäste.

Essen | Trinken

Für den traditionellen Speisezettel mit typischem Pustertaler Einschlag sorgt Herr Lerchner, seit über 20 Jahren Koch mit viel Erfahrung, die ihn auf die Toskana und New York zurückblicken lässt. Selbst gebackenes Brot, Schlutzkrapfen, vielerlei Knödel und Nocken, Gröstl, Erdäpflblattln mit Sauerkraut, Kalbskopf, saures Rindfleisch, geröstete Lammleber, Lammgröstl, Blutnudeln, Bauernbrotsuppe und andere alte heimische Spezialitäten stehen friedlich vereint mit Nudel- und Risottogerichten der italienischen Küche auf der Speisekarte. Herrlich sind auch die vielen verschiedenen Desserts und Mehlspeisen, bis hin zu den gebackenen Hefeküchlein. Begleitet werden die Gerichte von einer beachtlichen Auswahl der besten Südtiroler Weine, die meisten davon sind auch glasweise erhältlich.

Unterkunft

Es wird eine Ferienwohnung für vier Personen vermietet.

Wie kommt man hin?

Von der Gadertaler Straße bei Runggen 500 m lange, beschilderte, asphaltierte Zufahrt.

Sehens- und Wissenswertes

Bei St. Lorenzen, am Zusammenfluss von Gader und Rienz, liegt die Kloster- und Burganlage der Sonnenburg. Die Ursprünge dieses ältesten Südtiroler Nonnenklosters und Zentrums weltlicher Macht liegen im 11. Jh. Hier lebte die streitbare Äbtissin Verena, die so manche Fehde mit dem Brixner Kardinal Cusanus austrug. Heute ist die Anlage ein komfortables Hotel. Die beim Umbau zutage geförderten Sehenswürdigkeiten sind in einem eigenen Trakt ausgestellt. Auch die uralte Krypta, in der der Reliquienschrein des hl. Klemens aufbewahrt wird, sollte unbedingt besichtigt werden. Infos: Tel. 0474 479999

Wanderungen

Der Pflaurenzer Kopf (970 m) ist eine bewaldete Kuppe ganz in der Nähe der Hofschenke, den ein Waldweg umrundet. Der gegenüber dem ehemaligen Kloster Sonnenburg gelegene Wald, von alters her „Klosterwald“ genannt, erlangte Bedeutung als letzte Ruhestätte für die gefallenen Tiroler, französischen und bayerischen Soldaten der Freiheitskämpfe von 1809 bis 1813. Als beim Bau der Pustertaler Eisenbahn 1869 bis 1871 hunderte Skelette zu Tage kamen, wurde an diesem stillen und friedlichen Ort die Klosterwaldkapelle errichtet. Gehzeit für den „Rundweg Klosterwald“ 1 Stunde, kaum Höhenunterschied.

Hofschenke Lerchner's
Fam. Lerchner
Runggen 3/a
39030 St. Lorenzen
Tel./Fax 0474 404014
e.lerchner@akfree.it

60 Plätze in einer rustikalen, getäfelten Stube mit Bauernofen und Ofenbank sowie einem hellen Speisesaal mit großen Fensterfronten, auf der Terrasse 50.

Von 11 bis 22 Uhr durchgehend warme Küche. Mittwoch Ruhetag.

72 GASTHOF SAALERWIRT

Am Ausgang des Gadertals liegt der Wallfahrtsort Maria Saalen (980 m) direkt an der alten Gadertaler Straße, die den Berghang des Kronplatzes entlang führt. Einst kehrten hier fromme Pilger und Fuhrleute ein, jetzt versorgen tüchtige Wirtsleute im gemütlichen Gasthaus ihre Gäste. Verschiedene Freizeitangebote stehen bereit: Man kann Mountainbikes ausleihen, es gibt einen Kinderspielplatz und im Winter lockt der hauseigene Weiher zum Schlittschuhlaufen. Die Einheimischen kommen oft und gern zum Saalerwirt, um hier Geburtstage, Taufen oder Hochzeiten zu feiern.

Essen | Trinken

Die Küche ist für ihr vorzügliches Essen bekannt und liegt in der bewährten Hand von Hans Tauber. Seine Frau übernimmt das Kuchenbacken und kümmert sich gemeinsam mit den Töchtern um den Service. Die Speisekarte verbindet hervorragend die italienische mit der verfeinerten regionalen bodenständigen Küche. Lamm- oder Hammelfleisch stammen aus dem eigenen Stall. Einmal in der Woche – vorausgesetzt das Wetter spielt mit – wird auf der Terrasse gegrillt. Auf der Weinkarte ist eine gelungene Auswahl bester Tropfen zusammengestellt.

Unterkunft

Alt- und Neubau sind durch einen Gang unterhalb der Straße verbunden. Es stehen insgesamt 20 Zimmer mit jeglichem Komfort zur Verfügung. Ein Schmuckstück ist das romantisch am Weiher gelegene Saunahaus.

Wie kommt man hin?

Die Zufahrt ist ab St. Lorenzen gut ausgeschildert.

Sehens- und Wissenswertes

Maria Saalen zählt zu den bedeutendsten Wallfahrtsorten des Pustertals. Die vor fast 350 Jahren erbaute Kirche birgt als Sehenswürdigkeit die Nachbildung der schwarzen Muttergottes mit dem Christuskind von Loreto sowie eine Darstellung des Viehpatrons St. Sylvester. Interessant ist auch die alte Kirchenglocke, auf der eine Heuschrecke abgebildet ist: Das Glockengeläut sollte nicht nur vor Unwettern, sondern auch vor der gefürchteten Heuschreckenplage schützen.

Wanderungen

- Vom nahen Reischach starten die Aufstiegsanlagen auf den Kronplatz. Die Seilbahnen sind auch im Sommer in Betrieb und verkürzen den Weg auf den 2275 m hohen Hausberg von Bruneck. Der Panoramaweg Nr. 8 führt abseits der Skipisten direkt nach Maria Saalen (980 m) hinab.
- Die alte Straße ins Gadertal ist asphaltiert, aber kaum befahren und somit ein idealer ebener Spazierweg. Entlang der Markierung 12 geht es nach Enneberg (1284 m, Einkehrmöglichkeit auf halber Strecke in Oberpalfrad). Der Rückweg verläuft über Pfaffenberg (1416 m, Weg Nr. 12A), wo einige sehr schöne Bauernhäuser zu bewundern sind. Gehzeit ca. 3–4 Stunden.

Gasthof Saalerwirt
Fam. Tauber
Saalen Nr. 4
39030 St. Lorenzen
Tel. 0474 403147
Fax 0474 403021
info@saalerwirt.com
www.saalerwirt.com

In den zwei alten, denkmalgeschützten Stuben sowie im Schankraum finden 70 Gäste Platz, auf der sonnigen und windgeschützten Terrasse 30.

Ganzjährig geöffnet, von November bis Weihnachten und 10 Tage vor oder nach Ostern geschlossen. Mittags und abends warme Küche, am Nachmittag kleine Gerichte und Kuchen, Dienstag Ruhetag (außer Juli und August).

73 ÜTIA CIR

Ütia ist der ladinische Name für Hütte und Cir jener für die Zirbelkiefer, die auf den Wiesen des Würzjochs, am Übergang vom Gader- ins Eisacktal, ihre mächtigen grünen Nadelkronen ausbreitet. Die heimelig wirkende Blockhütte mit dem schützenden, weit ausragenden Dach sowie die hellen Felswände des fast 3000 m hohen Peitlerkofels im Hintergrund ergeben ein Kalenderbild der Dolomitenlandschaft. Hier oben auf 2006 m, wenige Minuten von der in der Hochsaison überfrequentierten Passstraße und dem autoüberfüllten Parkplatz der gegenüberliegenden Würzjoch-Hütte entfernt, liegt das Reich von Emma und Emilio.

Essen | Trinken

Frau Emma ist die Knödelkönigin und für die Vielfalt ihrer Rezepte berühmt: Speck-, Press-, Graukäse-, Brennnessel- und Wildspinatknödel lassen die Herzen von Liebhabern höher schlagen. Reis mit Latschenkiefer oder Risotto mit Rosenblättern sind weitere ungewöhnliche Speisen. Italiener bestellen gerne die Pilze und das Gemüse vom großen Grill. Das Fleisch stammt von einheimischen Tieren. Im Winter kommen die deftigen ladinischen Spezialitäten auf die Teller – wie die gebackenen Schlutzer, Tirtlan und Mohnkrapfen (Crafuns und Tutres) oder die Kasnocken. Auf Vorbestellung zaubert Frau Emma am Abend auch Raffinierteres auf den Tisch. Sehr zu empfehlen sind die Leckereien vom Kuchenteller mit Mohn, Buchweizen oder Joghurt. Hausgemacht ist auch der Holundersaft.

Wie kommt man hin?

5 km ab Untermoi/Antermëia im Gadertal bis auf den Sattel des Würzjochs. Anfahrt (außer in den Wintermonaten) auch über Villnöss (26 km) oder Brixen-Plose (29 km) möglich.

Sehens- und Wissenswertes

- Das Wahrzeichen von St. Martin in Thurn an der Auffahrt zum Würzjoch ist das gut erhaltene Schloss Thurn „Ciastel de Tor". Der ehemalige Gerichtssitz wurde vor wenigen Jahren von der öffentlichen Hand erworben und beherbergt das Südtiroler Landesmuseum für ladinische Geschichte und Kultur. Hier trifft eine altersgraue, mittelalterliche Burg mit Türmen, Wehrgängen und Schießscharten auf hochmoderne, interaktive Museumstechnik. Die Besucher werden intensiv, unterhaltsam und spannend an das ganz eigene Kulturgut der Ladiner herangeführt. Infos: Tel. 0474 524020, www.museumladin.it

Wanderungen

- Eine leichte Wanderung (Dauer ca. 1½ bis 2 Stunden), auf der wenig Höhenunterschiede zu überwinden sind, geht von der Ütia Cir (1998 m) zum Göma-Joch (2109 m), zur Göma-Hütte und zurück. Dabei wird die beeindruckende Felstrümmerlandschaft der „Steinernen Stadt" durchschritten.
- Gute Wanderer schaffen die Umrundung des Peitlerkofels problemlos in 4–5 Stunden. Dabei kann in beide Richtungen gewandert werden, bei der Variante gegen Osten (Markierung 8A, 8B, 35, 4) wird der Wanderer von der Sonne begleitet.
- Für den Aufstieg auf den Peitlerkofel (2875 m) sind es vom Würzjoch über die Peitlerscharte aus ungefähr 3 Stunden, für den Rückweg 2. Trittsicherheit gefordert, teilweise ausgesetzt, aber gesichert. 875 m Höhenunterschied.

Ütia Cir
Fam. Emma und Emilio Prada
Würzjoch, Antermëia
39030 Gadertal
Tel. 347 8429300

30 Plätze in der Hütte, 50 auf der Terrasse.

Von Juni bis Mitte Oktober ohne Ruhetag und im Winter von Weihnachten bis Ostern geöffnet, mit Ruhetag am Montag.

74 LÜCH DE VANĆ

Bei St. Martin in Thurn im Gadertal zweigt westlich ein Seitental ins Herz der Dolomiten ab. Unter den Gipfeln der Puez- und Geislergruppe und dem mächtigen Peitlerkofel betreibt die Familie Clara beim Weiler Campill einen bäuerlichen Hofschank. Der über 300 Jahre alte Bauernhof Lüch de Vanć auf genau 1500 m gehört zur Höfegruppe von Seres in einer für das Gadertal typischen Siedlungsform, den „Viles". Auf kleine Gäste warten ein großer Spielplatz und viele Tiere: Hasen, Enten, Gänse, Pfauen, Truthähne, Hängebauchschweine und Ziegen. Sonnenanbeter genießen die Liegewiese vor dem Haus.

Essen | Trinken

Herr Ferdinand kümmert sich um die Landwirtschaft, Frau Rosalia mit ihrer Tochter um die Küche. Auf den Tisch kommen typische Tiroler-ladinische Gerichte wie die Panicia (Gerstsuppe), Tutres (Tirtlen, mit Spinat, Kraut oder Topfen gefüllte und gebackene Teigtaschen), Gnoch da zigher (Käseknödel mit pikantem Kuh-Käse), Cajinci (Schlutzkrapfen), Gulasch, Gröstl aus gekochtem Rindfleisch und Kartoffeln, hausgemachter Speck, Kaminwurzen, Butter und Käse. Zum süßen Schluss stehen Crafuns mori (Hefeküchlein, die Pusterer Kniekiechel), Buchweizentorte und natürlich Apfelstrudel zur Wahl. Als Durstlöscher gibt es Säfte aus Holunder, Melisse und Minze.

Unterkunft

18 Betten in komfortablen, heimelig-rustikalen Zimmern oder Ferienwohnungen.

Wie kommt man hin?

Von St. Martin in Thurn nach Campill; von dort noch 2 km in Richtung Talschluss.

Sehens- und Wissenswertes

- Am Seres-Bach, direkt beim Lüch de Vanć, wurden mehrere Mühlen restauriert, die bei einer Rundwanderung besichtigt werden können. Sie dienten einst nicht nur zum Mahlen von Getreide, sondern auch als Stampfwerk für Loden, als Antrieb für Lastenaufzüge oder kleine E-Werke. Klappernd und rauschend wird hier die Arbeitswelt der Bergbauern lebendig. Für Interessierte sperrt Bauer Ferdinand das Mühlenhäuschen auf.
- Im Winter beginnt direkt am Haus eine Rodelbahn, die über Wiesen bis ins Dorf führt – ein Riesenspaß für Groß und Klein. Rodeln können im Haus ausgeliehen werden.

Wanderungen

- Das Campiller Tal ist ein prächtiges Wandergebiet. Wer es alpin wünscht, kann auf die Gipfel von Peitler- (2875 m) oder Zwischenkofel (2397 m) steigen. Weniger anspruchsvoll ist die Wanderung zur Medalges-Alm (2300 m).
- Wer es gemütlich liebt, spaziert in einer guten Stunde vom Weiler Seres (1500 m) auf der asphaltierten, kaum befahrenen Höfezufahrt zur letzten Mühle des Mühlentals, nach Mischì (1668 m) und von dort nach Seres zurück.
- Dank der weiten Hänge und geringen Steigungen bietet sich die Gegend für Schneeschuhwanderungen an. Ein beliebtes Ziel ist das Kreuzjöchl (2293 m), ein Übergang ins Villnösstal. Gehzeit hin und zurück 5½ Stunden, 750 Höhenmeter.

Lüch de Vanć
Fam. Clara
Seres 36
39030 St. Martin in Thurn
Tel. 0474 590108
Fax 0474 590173
info@vanc.it
www.vanc.it

In zwei gemütlichen Stuben und in der verglasten Veranda 30–40 Plätze, auf der Terrasse 20.

Ganzjährig ohne Ruhetag geöffnet. Außerhalb der Saison ist Vorbestellung erwünscht.

75 SCHUTZHAUS HEILIG KREUZ

Am Fuß der steilen Felswände des Kreuzkofels in 2040 m Höhe, hoch über St. Leonhard, schauen das Hospiz und die Kirche zum Hl. Kreuz über das Gadertal. Ein Sessellift bringt Wanderer oder Skifahrer bis in die Nähe des 1718 erbauten Schutzhauses.

Essen | Trinken

Auf der Karte stehen einfache Gerichte, Tiroler Hausmannskost mit einer kleinen Reverenz an italienische Gäste. Im Sommer kehren die Wanderer, im Winter die Skifahrer oder Schneeschuhwanderer gerne ein. Weil das Schutzhaus nur zu Fuß erreichbar ist, spielt sich der größte Ansturm um die Mittagszeit ab, gegen Abend wird es still. Die kleine Weinkarte bietet gute Südtiroler Tropfen, im Winter auch Glühwein.

Sehens- und Wissenswertes

- Die Heilig-Kreuz-Kirche war und ist ein viel besuchter Wallfahrtsort. Die prachtvolle Ausstattung mit den ausdrucksstarken, geschnitzten Altarfiguren ist unbedingt sehenswert, ein Erlebnis auch die Aussicht auf die Bergwelt des Gadertals.
- Der in Oies unterhalb von Hl. Kreuz geborene Priester und Missionar Pater Josef Freinademetz (1852–1908) verbrachte den größten Teil seines Lebens in China, wo er auch verstarb. Er wurde 2003 von Papst Johannes Paul II. heilig gesprochen. Der hl. Freinademetz wird im Gadertal sehr verehrt.

Unterkunft

Bis zu 22 Personen finden im Sommer in den heimeligen Zimmern eine einfache Übernachtungsmöglichkeit (Etagenduschen).

Wie kommt man hin?

Ein Sessellift bringt die Gäste von St. Leonhard aus bis auf 1840 m; die restlichen 200 Höhenmeter bis zur Hütte sind zu Fuß in ca. 30 Minuten zu bewältigen.

Wanderungen

- Empfehlenswert ist der Anstieg zu Fuß zur Schutzhütte Hl. Kreuz: von St. Leonhard (Weg Nr. 7); von Stern über Cianins und den Medeswald (Markierung 12 und 15); von Stern über Cianins und Pescolderung (Markierung 13); von St. Kassian über Costadedoi (Nr. 15) zum Ziel. Gehzeit jeweils 2½ Stunden, ca. 640 Höhenmeter.
- Die Kreuzkofelgruppe ist Teil des Naturparks Fanes-Sennes-Prags. Etliche der schönsten Dolomitensagen haben hier ihren Ursprung. Für trittsichere und geübte Bergwanderer eignet sich folgende vom Schutzhaus (2040 m) ausgehende Wanderung: Auf Weg Nr. 7 steil zur Kreuzkofelscharte (2609 m) und von dort gleichmäßig absteigend über die bizarre, verkarstete und mit Bergseen durchsetzte Hochfläche von Fanes zu den bewirtschafteten Hütten Lavarella (2042 m) und Fanes (2060 m). Gehzeit 4 Stunden. Oder ab der Kreuzkofelscharte links dem Grat der Fanesgruppe entlang auf den Heiligkreuzkofel (2907 m) und weiter auf den Zehnerkofel (3026 m). Rund 4 Stunden; Rückkehr auf dem gleichen Weg.
- Vom Talschluss von Wengen, beginnend bei der Spëscia-Säge (1528 m), zieht sich Weg Nr. 15 auf das herrliche Almgelände der Armentarawiesen und von dort fast eben zum Schutzhaus Hl. Kreuz (2040 m). Gehzeit hin 2 Stunden, Abstieg: Weg Nr. 16 bis zum Parkplatz bei der Säge.

Schutzhaus Heilig Kreuz
Fam. Irsara
La Crusc 1
39036 Abtei
Tel./Fax 0471 839632
s.croce@rolmail.net
www.enrosadira.it/rifugi/santacroceinbadia.htm

In den Gaststuben finden 100 Personen Platz, draußen 150.

Vom 20. Dezember bis 30. März und von Anfang Juni bis Anfang Oktober geöffnet, warme Küche bis 17 Uhr, kein Ruhetag.

76 GASTHAUS KOFLER AM KOFL

Wo sich das Tauferer Tal im rechten Winkel zum Pustertal öffnet, steht einsam auf einem felsigen Wiesenbalkon die einfache Bauernwirtschaft Kofler am Kofl (1487 m). „Kofl" bedeutet in der Mundart Felskuppe und weist auf die Lage hin. Von hier oben bietet sich ein wunderschöner Rundblick, ca. 600 m tiefer liegt malerisch das Städtchen Bruneck im Talkessel. Am Horizont sind die Spitzen der Rieserfernergruppe, der Sextner und Pragser Dolomiten wie auf einer Perlenkette aufgereiht.

Essen | Trinken

Oswald Hopfgartner kümmert sich um die Landwirtschaft und hilft bei der Bedienung und in der Küche. Seine Frau bereitet für die Gäste – meist Wanderer – einfache Tiroler Bauernkost zu. An Sonn- und Feiertagen, wenn die Einheimischen gern mit dem Auto hierher pilgern, stehen meistens Braten und Pressknödel, dazu gebratene Rippchen auf der Karte. Bei Vorbestellung servieren die Wirtsleute gegrillte Haxen, Tirtlan sowie Niggilan, eine gebackene Süßspeise. Der würzige Graukäse kommt vom Nachbarn. Zum Nachtisch gibt's immer einen Apfelstrudel, manchmal auch Buchweizentorte.

Wie kommt man hin?

Die schmale, 5 km lange Straße ab Pfalzen ist auch im Winter geräumt.

Sehens- und Wissenswertes

- Der Bauernhof stammt wahrscheinlich aus dem 12. Jh. In der Nähe steht, wie es bei großen, einsamen Hofstellen üblich ist, eine Hauskapelle; diese ist mit einer kuriosen Sammlung von kleinen Partezetteln ausgestattet.
- Nicht weit von Pfalzen entfernt befindet sich die spätgotische Kirche St. Valentin. Dort wurde 1980 ein Freskenzyklus (Ende 15. Jh.) entdeckt, der die Zehn Gebote darstellt und Friedrich Pacher zugeschrieben wird (Schlüssel beim nebenstehenden Bauernhof).

Wanderungen

- Der Kofler am Kofl liegt am Pfunderer Höhenweg. Dieser verläuft nordwärts, stets ansteigend, bis auf den Platten (2175 m) und von hier den Kamm entlang weiter zum Sambock (2396 m), einer mit Gras bewachsenen aussichtsreichen Felskuppe mit Gipfelkreuz. Danach schwenkt der Höhenweg westwärts zur Tiefrastenhütte (2308 m), von der ein Abstieg nach Terenten (1300 m) möglich ist – oder man übernachtet dort und wandert weiter bis Sterzing.
- Eine Rundwanderung führt vom Kofler (1487 m) zum Sambock (2396 m), zu den Plattner Seen, zur Plattner Alm (2091 m), auf dem Forstweg zum Lechner (1586 m, Einkehr) und wieder zum Kofler zurück. Diese unschwierige Tour dauert ungefähr 5–6 Stunden.
- Nordwärts geht es auf Weg Nr. 17 in einer halben Stunde vom Kofler (1487 m) zur Forst- und Jägerhütte Hirschbrunn (1604 m). Der markierte Weg führt weiter nach Lanebach (1543 m) und dann steil hinunter nach Uttenheim (837 m) im Tauferer Tal. Bis Uttenheim braucht man 2–3 Stunden.

Gasthaus
Kofler am Kofl
Fam. Hopfgartner
Kofler 41
39030 Pfalzen
Tel. 0474 528161

In der alten, getäfelten Bauernstube sowie in zwei Gaststuben gibt es 60 Plätze, auf dem breiten, windgeschützen Süd-Balkon 20.

Ganzjährig geöffnet, am Abend warme Küche nur auf Vorbestellung, in der Nebensaison Montag Ruhetag.

77 GASTHAUS IRENBERG

Pfalzen liegt auf einer Hochfläche auf der Sonnenseite des Pustertals. Von weiten Wiesen und Wäldern umgeben, ist der Irenberghof wie ein Königreich in die Landschaft gebettet. Mehrere leichte Wanderwege sowie eine gute, kaum befahrene Autozufahrt führen zum Gasthaus. Während hier die Eltern auf den Wiesen in der Sonne liegen, können sich die Kinder auf dem Spielplatz austoben.

Essen | Trinken

Das Gasthaus Irenberg ist kein Gourmettempel, sondern eine zünftige Tiroler Jausenstation, wo Familie Gassebner bestens für die Ausflügler und Wanderer sorgt. Gediegene Hausmannskost und Pusterer Spezialitäten prägen die Speisekarte, Schlutzkrapfen und Speck sind hausgemacht. Ein Renner ist der Hausteller, entweder als Knödeltris oder als Variante mit zwei Knödelvariationen und Hirtenmakkaroni. Heimischen Einschlag geben auch das gekochte Rindfleisch und das Lamm. Im Sommer sind die Grillteller beliebt, den zahlreichen italienischen Gästen schmeckt Polenta mit Käse oder Pilzen. Als Nachspeise gibt es fast immer Apfel- und Topfenstrudel, im Herbst auch süße Bauernkrapfen.

Wie kommt man hin?

Ab dem Sportplatz von Pfalzen 2 km bis zum Gasthaus; dort endet die Straße..

Gasthaus Irenberg
Fam. Gassebner
Irenbergstraße 1
39030 Pfalzen
Tel. 0474 528247

80 Plätze im Haus, davon 50 in einer gemütlichen Stube mit Ofen, 70 Plätze auf der Terrasse und im Garten.

Ganzjährig geöffnet, warme Küche von 11.30 bis 15 Uhr, am Abend auf Vorbestellung. Donnerstag Ruhetag.

Sehens- und Wissenswertes

- In der Nähe des Gasthauses liegt einer der wenigen Badeseen Südtirols, der weitum bekannte und beliebte Issinger Weiher. Im Sommer bietet er naturnahen Badespaß (Eintritt). Liegewiese, Schatten spendende Bäume, Badeanstalt und Café. Geöffnet von Ende Mai bis Anfang September, täglich von 10 bis 18 Uhr, Tel. 0474 565371.
- In Issing, in der Nähe des Badeweihers, betreibt die Familie Niederkofler bereits in der dritten Generation die Bergila Latschenölbrennerei. Aus den Zweigen der Legföhre wird hier ein heilkräftiges ätherisches Öl destilliert. Es dampft und riecht, wenn der große Destillationsapparat gefüllt oder geleert wird. Die Besichtigung der Anlage, des kleinen Museums und des Kräutergartens ist lehrreich und unterhaltsam zugleich, im nahen Kiosk werden Tee- und Heilkräuter sowie Latschenölprodukte verkauft. Bergila, Franz Niederkofler, Weiherplatz 8, Tel. 0474 565373, www.bergila.it.

Wanderungen

- Vom Parkplatz beim Issinger Weiher (910 m) zieht sich ein breiter Waldweg (Nr. 6) leicht ansteigend zum Irenberghof (1031 m) hin, an heißen Sommertagen ein guter Tipp. Gehzeit 45 Minuten.
- Zwischen dem Irenberghof und Pfalzen erhebt sich ein kleiner Hügel, das Lothener Köpfl (1118 m), zu dem von Irenberg der mit Nr. 8 markierte Waldweg führt. Gehzeit 30 Minuten.
- Im Winter sorgt die beleuchtete Rodelbahn vom Lothener Köpfl für Schlittenspaß, Rodelverleih bei der Sportbar Pfalzen. Länge 1000 m, leicht, 100 Höhenmeter. Ein langes Förderband bringt die Kinder in die Höhe und erspart ihnen den Aufstieg.

78 GASTHOF HUBER

Mühlbach ist ein kleines Örtchen im Tauferer Tal (nicht mit dem großen Marktflecken am Eingang des Pustertals zu verwechseln), das auf 1500 m oberhalb von Uttenheim am steilen Berghang klebt. Der Huberhof thront förmlich über dem Tal und gewährt einen weiten Ausblick; schon seit 80 Jahren gibt es das Gasthaus und dazu noch immer den Bauernhof mit Viehhaltung und Almwirtschaft. Karl Wolfsgruber, Wirt, Bauer und gelernter Koch, ist stolz auf den guten Ruf des Hauses, den zwei seiner Kinder mit solider Fachausbildung weiterführen wollen.

Essen | Trinken

Die Gäste kommen nicht nur des herrlichen Ausblicks wegen, sondern auch wegen der vielfältigen Speisekarte voller regionaler Köstlichkeiten. Viel Hausgemachtes ist dabei, seien es der Speck, die Kaminwurzen oder der Graukäse, die Kartoffelteigtaschen, der Kalbskopf, die Pressknödel, auf Bestellung das Spanferkel im Rohr oder die feinen Kuchen und Süßspeisen. Das Fleisch vom Rind, Kalb und Schwein stammt ebenso wie Butter und Käse von der eigenen Landwirtschaft, dazu wird eine kleine Auswahl an Südtiroler und italienischen Weinen serviert. Beliebt ist bei den Gästen das Angebot für einen Ausflug zur hofeigenen Alm.

Unterkunft

20 Zimmer, zwei Ferienwohnungen, ein Massivholzzimmer und eine Sauna stehen bereit.

Wie kommt man hin?

Entweder vom Pustertal aus über Percha und Tesselberg oder über das Tauferer Tal und Uttenheim erreichbar. Aufgepasst, nicht über Gais!

Sehens- und Wissenswertes

- Auf keinen Fall das Volkskundemuseum in Dietenheim versäumen! Es zeigt nicht nur das Leben der Bauern in alter Zeit, sondern auch das der Adeligen. Auf dem ungefähr 3 ha großen Gelände befinden sich über 20 Gebäude, die aus dem ganzen Land zusammengetragen und hier wieder aufgebaut wurden: Bauernhöfe, ein strohgedeckter Stadel, eine Schmiede und ein Sägewerk, Backöfen, Kornkästen, Mühlen, Almhütten mit Schindeldächern. Darüber hinaus werden im Prunksitz Mair am Hof barocke Stuben, Einrichtungsgegenstände, Zeugnisse religiösen Brauchtums, Hausrat und landwirtschaftliche Geräte gezeigt. Geöffnet von Mitte April bis Oktober, Montag geschlossen. Infos: Tel. 0474 552087, www.volkskundemuseum.it

Wanderungen

- Die Berge im Hintergrund liegen bereits im Naturpark Rieserferner-Ahrn, die Parkverwaltung sorgt für die mustergültige Instandhaltung und Markierung der Wanderwege, die für jeden Geschmack und jede Leistungsfähigkeit etwas bieten.
- Wer hoch hinauf will und trittsicher ist, der steigt durch das Mühlbachtal auf die 3041 m hohe Windschar, den Hausberg. 1500 Höhenmeter, 3½ Stunden für den Aufstieg.
- Hinter dem Huber (1500 m) verläuft der Weg zum Egger und zur Höfegruppe Forcher. Von dort führt ein Forstweg zur einsam in einem schönen Hochtal gelegenen Winterstaller Alm auf 2068 m. Gehzeit für den Aufstieg knappe 2 Stunden.
- Im Südosten von Mühlbach ragt der großteils bewaldete Rücken der Geige (2200 m) steil auf, 2½ Stunden sind für den Aufstieg (Weg 8) auf den aussichtsreichen Gipfel einzuplanen. Der Rückweg führt über die Tesselberger Alm (2010 m); über den Talweg und dann auf dem alten Gemeindeweg wieder zurück nach Mühlbach.

Gasthof Huber
Fam. Wolfsgruber
Mühlbach
39030 Gais
Tel. 0474 504120
Fax 0474 504090
info@gasthof-huber.com
www.gasthof-huber.com

120 Plätze, verteilt auf Speisesaal, Bauernstube, Stübele und Bar-Veranda, 50 Plätze auf der Terrasse.

Ganzjährig geöffnet, kein Ruhetag, außerhalb der Saison bei Sonderwünschen Vormerkung erbeten.

79 JAUSENSTATION ROANERHOF

Im Nordosten von Sand in Taufers steigt aus dem Talboden der mächtige Moosstock auf über 3000 m auf. An seinem Südhang klebt wie ein Schwalbennest der Weiler Ahornach, von dem aus eine schmale Straße zur Höfegruppe von Pojen führt. Dort, auf 1579 m, liegt der von einem Bauern- zu einem Gasthof umgebaute Roanerhof. Wie der Name schon sagt, befindet sich das Haus an einem Roan, also einem steilen Hang. Umso herrlicher ist die Aussicht nach Süden über das Ahrntal zu den Pustertaler Bergen und bis zur Königin der Dolomiten, der Marmolada.

Essen | Trinken

Die eigene Landwirtschaft liefert etliche Zutaten zur heimischen Kost. Das Brot, die Kaminwurzen, der Speck und die Knoblauchwurst werden selbst gemacht. Die vorwiegend deutschen Gäste und die Wanderer lieben die herzhafte Küche von Annelies Ausserhofer: Knödel, Gerstsuppe, hausgemachte Schlutzkrapfen und üppige Jausenteller, auf denen der bodenständige Graukäse nicht fehlen darf.

Unterkunft

In mehreren Zimmern und Ferienwohnungen finden bis zu 20 Personen Unterkunft. Im Winter wird das kleine Wohlfühlzentrum mit türkischer und finnischer Sauna sowie Whirlpool sehr geschätzt.

Wie kommt man hin?

Von der Straße, die von Sand in Taufers nach Rein führt, geht eine Abzweigung zuerst nach Ahornach ab; von dort sind es noch 3,5 km auf fast ebener, asphaltierter, aber schmaler Straße zum Roanerhof.

Jausenstation Roanerhof
Fam. Ausserhofer
Oberpojen 134
39032 Ahornach
Tel. 0474 679291
Fax 0474 687389
roanerhof@dnet.it
www.roanerhof.de

In zwei Stuben und der verglasten Veranda 50 Plätze, auf der Terrasse 30.

Ganzjährig geöffnet, Montag Ruhetag. In der Nebensaison ist Vormerkung angeraten.

Sehens- und Wissenswertes

- Ahornach mag nicht unbedingt weltbekannt sein – es sei denn man gehört zur Bergsteigerzunft. Es ist der Wohnort des Extrembergsteigers und Bergführers Hans Kammerlander, der hier die Kondition und Ruhe für seine außergewöhnlichen Leistungen auf den höchsten Bergen der Welt tankt.
- Zwischen Ahornach und Pojen, auf der Zufahrtsstraße zum Roaner, liegt der Startplatz der Drachenflieger und Paraglider. Die bunten Riesenvögel bevölkern an schönen Tagen, wenn eine gute Thermik entsteht, zu Dutzenden den Himmel über Taufers. Landeplatz ist in der Nähe des Schwimmbades von Taufers.

Wanderungen

- Bei Sand in Taufers mündet ein Hochtal, das Reintal. Dort stürzt der Reinbach in mehreren Stufen über Felsen hinab und bildet die mächtigsten Wasserfälle Südtirols: die Reinbachwasserfälle. Besucher können auf bequemen Wegen und Steigen gefahrlos bis zum tosenden Naturschauspiel vordringen. Der Spaziergang zu den Wasserfällen beginnt in Sand in Taufers (beschildert und markiert, Gehzeit 45 Minuten, 220 Höhenmeter) oder an der Zufahrtsstraße nach Rein, beim Gasthof Toblhof (Parkplatz und beschilderter Zugang, Gehzeit 10 Minuten).
- Vom Roanerhof in Richtung Osten lohnt der Weg zur Pojenalm (2038 m) mit wunderschönem Rundblick. Gehzeit 1½ Stunden, 100 Höhenmeter. Über die Pojenalm führt auch der Weg zum 2653 m hohen Rauchkofel, der Rückweg bringt einen über den Kammweg mit Blick zur Pojenspitze und dem Obersteiner Holm nach Pojen zurück. Für diesen langen Rundweg (1100 m Höhenunterschied) sind 6 Stunden einzuplanen.

80 GASTHAUS MOAR

Seit vielen Jahren ist das Gasthaus Moar (1365 m) im Weiler Oberwielenbach im Besitz der Familie Mayr. Der kleine Ort liegt idyllisch in einem schmalen Seitental des oberen Pustertals. Das geschichtsträchtige Gasthaus mit den gotischen Gewölben im Hausgang wird erstmals um 1230 erwähnt; es gehörte zum Besitz des Klosters Sonnenburg bei St. Lorenzen. Vor einigen Jahren kam beim Umbau des Hauses die Täfelung einer gotischen Stube aus dem Jahr 1370 zum Vorschein.

Essen | Trinken

Die Küche, in der Edith Mayr das Regiment führt, bietet viele typische Pustertaler Spezialitäten. Neben selbst geräuchertem Speck und würzigen Kaminwurzen kommen Graukäse, verschiedene Torten und hausgemachte Süßspeisen (besonders gut schmeckt das Joghurt-Tiramisu) auf den Tisch. Am Samstag werden oft Tirtlan serviert – mit Spinat, Topfen oder Sauerkraut gefüllte und gebackene Teigtaschen.

Wie kommt man hin?

Ab Percha sind es von der Pustertaler Straße etwa 4 km bis Oberwielenbach.

Sehens- und Wissenswertes

Die Erdpyramiden von Platten in der Nähe von Oberwielenbach sind zwar nicht so berühmt wie jene auf dem Ritten, aber genauso imposant und sehenswert. Man kann sie vom Moar aus zu Fuß in ungefähr 40 Minuten auf einem gut markierten Weg erreichen. Wer es bequemer mag, fährt mit dem Auto von Oberwielenbach nach Platten; vom Parkplatz sind es wenige Minuten Fußweg bis zum Beginn des Steigs, der das weitläufige Gelände mit den Pyramiden durchzieht.

Wanderungen

Von Unterwielenbach (970 m) – Ausgangspunkt ist der Parkplatz bei der Tischlersäge – führt eine Wanderung auf einem Forstweg in 45 Minuten zum Moar (1365 m).

Oberwielenbach liegt am Rande des Naturparks Rieserferner-Ahrn – das ist eine einmalige Gebirgslandschaft mit imposanten Gipfeln, von denen viele die 3000er-Marke überschreiten. In leichten Tagestouren können von Oberwielenbach aus einige Vorgipfel oder aussichtsreiche Anhöhen bestiegen werden, z.B. die Geige (2200 m), der Schönbichl (2452 m), der Rammelstein (2483 m) oder der Hochnall (2331 m). Die Kammwege über die Almen oberhalb der Baumgrenze bieten einen unvergesslichen Ausblick auf die Gipfel der Rieserfernergruppe und der Dolomiten.

Gasthaus Moar
Fam. Mayr
Oberwielenbach
39030 Percha
Tel. 0474 401177

In der Stube finden 35 Gäste Platz, in der Veranda 25.

Ganzjährig geöffnet, nur Anfang September sowie Anfang Dezember jeweils 3 Wochen geschlossen, mittags und abends warme Küche, am Nachmittag kleine Gerichte und Kuchen, Dienstag Ruhetag.

81 BERGGASTHAUS MUDLERHOF

Der schöne alte Mudlerhof (1590 m) wird seit 300 Jahren von der Familie Steiner bewirtschaftet. Das gemütliche Berggasthaus steht frei auf den sonnigen Wiesenhängen oberhalb von Taisten. Von der Terrasse aus bietet sich ein herrlicher Blick auf die Sextner und Pragser Dolomiten und sogar bis zum Ortlergebiet. Der Mudlerhof mit seinen vielen Tieren und dem großen Kinderspielplatz ist ein beliebtes Familienausflugsziel. Er lässt sich von Rasen aus bequem erwandern und eignet sich als Ausgangspunkt für längere Wanderungen auf die umliegenden Almen und Gipfel.

Essen | Trinken

Die echte Hausmannskost des Mudlerhofs wird von den Gästen geschätzt. Hier werden noch so bodenständige Gerichte wie Graukasnocken serviert. Der Grau-, Weich- und Almkäse sowie der mit verschiedenen Kräutern wie Basilikum oder auch mit Tomaten und Olivenöl angemachte Frischkäse kommt aus der eigenen Käserei. Für Naschkatzen gibt es frische Waffeln mit Preiselbeeren und Apfelstrudel. Durchgehend warme Küche.

Wie kommt man hin?

Von Welsberg über Taisten sind es auf asphaltierter, aber schmaler Straße acht Kilometer bis zum Mudlerhof.

Sehens- und Wissenswertes

👁 In Taisten sind in der romanischen St.-Georg-Kirche, in der Pfarrkirche und auf einem gotischen Bildstock Malereien von so bedeutenden Künstlern wie Michael Pacher, Simon von Taisten, Leonhard von Brixen und Franz Anton Zeiller zu bewundern.

👁 Das Antholzer Tal ist in der ganzen Welt als Austragungsort von Biathlon-Weltcuprennen und -Weltmeisterschaften bekannt. Auch weniger professionelle Langläufer finden hier ein ausgezeichnetes Loipennetz.

Wanderungen

- Die „Dolomitenblickrunde", die diesen Namen wegen der schönen Aussicht im zweiten Abschnitt trägt (der Weg verläuft ansonsten größtenteils im Wald), führt Wanderer im Uhrzeigersinn (Weg 20) von Niederrasen (1020 m) zum Oberstaller (1214 m) und Mudler (1590 m; etwas steil) und wieder zurück nach Rasen. Gehzeit 4–5 Stunden.
- Mit ca. 1 Stunde ist für die Wanderung zu den Brunnerwiesen (1911 m), der Hausalm des Mudlerhofs, zu rechnen. Den Weg Richtung Lutterkopf (2145 m) zeigt die Markierung 31 an.
- Zu der im Sommer bewirtschafteten Rauteralm (1643 m) gibt es ab dem Mudlerhof einen fast kinderwagentauglichen Spazierweg; Gehzeit 1 Stunde.
- Eine ausgedehnte Tour lässt sich vom Mudler (1590 m) auf den Lutterkopf (2145 m) und dann weiter auf dem Kammweg (Markierung 31) bis zum Durakopf (2275 m) unternehmen. Der Abstieg führt von hier zur neuen, bewirtschafteten Taistner Alm und nach etwa 4–5 Stunden wieder zum Mudlerhof (Weg Nr. 38A). Dieser Rundgang ist auch im Winter für Schneeschuhwanderer zu empfehlen.
- Im Winter erstreckt sich von der Taistner Alm (2012 m) bis zum Mudlerhof (1590 m) eine 4,5 km lange Rodelbahn; für den Aufstieg ist mit rund 1½ Stunden zu rechnen.

Berggasthaus Mudlerhof
Fam. Steiner
39035 Welsberg-Taisten
Tel./Fax 0474 950036
info@mudlerhof.com
www.mudlerhof.com

In der Veranda mit Panoramafenstern und in zwei gemütlichen Gaststuben 70 Plätze, auf der Terrasse und hinter dem Haus 50 Plätze.

Von Pfingsten bis 31. Oktober und von 25. Dezember bis Ostern geöffnet. Dienstag Ruhetag (außer im August).

82 BERGGASTHAUS PLÄTZWIESE

Im Herzen der Pragser Dolomiten liegt auf 1996 m Meereshöhe das Berggasthaus Plätzwiese. Die Hochalm mit fantastischer Aussicht eignet sich als Ausgangspunkt für viele abwechslungsreiche Wanderungen im Naturpark Fanes-Sennes-Prags. Im Winter ist die Gegend für passionierte Langläufer und Schneeschuhwanderer ein Paradies. Skitourengeher besteigen gerne den 2839 m hohen Dürrenstein, und von der Plätzwiese führt eine vier Kilometer lange, familienfreundliche Rodelbahn ins Tal.

Essen | Trinken

In der Küche mischt sich die italienische Geschmacksnote mit Tiroler Gerichten. Es gibt beispielsweise Pappardelle oder Polenta mit Pilzen, Spaghetti aglio olio e peperoncino (mit Knoblauch und scharfem Paprika) und verschiedene Salatteller. Auch hausgemachter Apfelstrudel und diverse selbst gemachte Kuchen fehlen nicht.

Unterkunft

Fünf Zimmer mit insgesamt 16 Betten. Mittlere Preislage.

Wie kommt man hin?

Parkplatz bei Altprags-Brückele. Die Straße von dort bis zum Parkplatz 500 m vor der Plätzwiese ist von Juni bis Anfang Oktober von 10 bis 16 Uhr gesperrt; dafür verkehrt ein Linienbus. Für die Anfahrt vor 10 Uhr und nach 16 Uhr ist eine Gebühr zu entrichten. Für Hausgäste mit Sondergenehmigung ist die Zufahrt zu den Gastbetrieben Plätzwiese, Hohe Gaisl und Dürrensteinhütte kostenlos.

Sehens- und Wissenswertes

Das Pragser Tal gilt als die Perle der Dolomiten. Ein wahrer Besuchermagnet ist der Pragser Wildsee, wo sich die kalkweißen Felswände des Seekofels im kristallklaren, türkisen Wasser spiegeln. Über die Entdeckung der Heilquelle im Pragser Tal heißt es, dass einst ein verwundeter Hirsch im Quellwasser badete und gesund wurde. Die Quelle nannte man daraufhin Hirschprunn. Der Hirsch und die Quelle zieren das Gemeindewappen von Prags.

Wanderungen

- Der Dürrenstein (2839 m) ist vom Südwesten her problemlos zu besteigen. Herrliche Aussicht auf die Zillertaler Alpen, die Hohen Tauern, die Cristallo-Gruppe, die Sextner Dolomiten und die Hohe Gaisl. Für den Aufstieg ab dem Gasthaus Plätzwiese benötigt man ungefähr 2½ Stunden. Als Variante für den Rückweg empfiehlt sich vom Gipfel des Dürrensteins (2839 m) die Route über den Kammweg, den sogenannten Frontsteig aus dem Ersten Weltkrieg, bis zum Heimkehrerkreuz auf dem Strudelkopf (2307 m) und von dort zurück zum Gasthaus Plätzwiese. Insgesamt 4–5 Stunden.
- Ein schöner Wanderweg (Markierung 18) schlängelt sich vom Parkplatz im Talgrund, dem „Brückele" (1491 m), den Bach entlang und über die Stollaalm auf die Plätzwiese. Für die 480 Höhenmeter ist mit etwa 2 Stunden zu rechnen.

Berggasthaus Plätzwiese
Fam. Michaela Schwingshackl
Plätzwiese 58
39030 Prags
Tel. 0474 748650
Fax 0474 748650
info@plaetzwiese.com
www.plaetzwiese.com

Zwei Stuben bieten Platz für 80 Gäste, vor dem Haus stehen noch einmal 80 Plätze bereit.

Ganzjährig geöffnet, durchgehend warme Küche, in der Nebensaison Montag Ruhetag.

83 GASTHAUS GOSTNERHOF

Im Nordwesten von Toblach erhebt sich ein bewaldeter Bergrücken, der das Pustertal vom Gsieser Tal trennt. Auf dessen sonniger Südflanke liegt im Dörfchen Wahlen, am Eingang zum Silvestertal, der Gostnerhof (1405 m). Der jahrhundertealte Bauern- und Gasthof blickt stolz auf den breiten Talkessel, das Toblacher Feld und zu den südlich davon aufsteigenden Dolomiten.

Essen | Trinken

Der Gostnerhof ist eine richtige Bauernwirtschaft mit einer gemütlichen, holzgetäfelten alten Bauernstube, wenigen Tischen und einem Bauernofen mit Ofenbank. Was serviert wird, ist fast alles hausgemacht, so auch die Schlutzkrapfen – nach Pusterer Art mit Spinat, Topfen und Kartoffeln gefüllt. Köstlich auch das Bauerngröstl aus gekochtem Rindfleisch und Bratkartoffeln, besonders gut der Apfelstrudel. Zum Finale bietet sich einer der selbst angesetzten Schnäpse an, etwa jener aus den Zapfen der Zirbelkiefer mit einem Zusatz von „Magenzuckerlen“ (rot gefärbter und gewürzter Würfelzucker).

Unterkunft

Drei einfache Zimmer mit sieben Betten.

Wie kommt man hin?

Von Toblach nordwärts nach Wahlen, von dort noch 1 km bis zum Gasthaus.

Gasthaus Gostnerhof
Fam. Baur
Wahlen 39
39034 Toblach
Tel. 0474 979014
gostnerhof@rolmail.net

20 Plätze in der Stube, 30 auf der Terrasse vor dem Haus.

Ganzjährig ohne Ruhetag geöffnet, außerhalb der Saison ist Voranmeldung ratsam.

Sehens- und Wissenswertes

- Neben der Pfarrkirche von Toblach, der zweifellos stattlichsten Barockkirche im Pustertal, fällt die Herbstenburg auf, ein mächtiger, festungsartiger Bau hinter dem Friedhof. Um 1500 von den Brüdern Kaspar und Christoph Herbst zu einer befestigten Anlage umgebaut, diente die Burg 1511 Kaiser Maximilian I. als Hofquartier. In Privatbesitz, nicht zu besichtigen.
- Der älteste Kreuzweg Tirols – aus dem Jahre 1519 – mit fünf Passionskapellen und geschnitzten gotischen Reliefs aus der Hand des süddeutschen Meisters Michael Parth beginnt am Südausgang des Friedhofs und zieht sich zur auffälligen Kalvarienkapelle im Lerschach am Ostrand von Toblach hin.
- Die Kirche von Aufkirchen, ganz in der Nähe vom Gostnerhof, war einst ein viel besuchter Marienwallfahrtsort und musste um 1470 vergrößert werden. Bemerkenswert sind etliche gotische Figuren, die in den neugotischen Altar eingefügt wurden. Außen sichtbar ist ein großer Christophorus, der Schutzpatron der Wanderer, von Simon von Taisten.

Wanderungen

- Das Toblacher Pfannhorn (2663 m) gilt wegen seiner freien Lage als lohnender Aussichtsberg. Der Aufstieg beginnt beim Weiler Kandellen im Silvestertal (1600 m) und geht in 3½ Stunden auf Weg Nr. 25 über die Ex-Bonner-Hütte zum Gipfelkreuz; Abstieg auf 25A über die Bergalm. Gesamtgehzeit etwa 6 Stunden.
- Der Römerweg zieht sich als Kammweg über den gesamten Radsberg zwischen Welsberg und Wahlen hin. Die Gehzeit für die Strecke beträgt mindestens 4 bis 5 Stunden bei 550 Höhenmetern. Beim Start in Welsberg (1150 m) mit höchstem Punkt beim Kirchberg (1715 m) endet der Weg beim Gostnerhof.
- Eine schöne, kleine Wanderung führt vom Gostner in einer Stunde zu den Radsberger Wiesen, einer Almlandschaft mit mehreren verstreuten Hütten. 300 Höhenmeter.

84 GASTHOF JAUFEN KATHI

Dem Alpenhauptkamm ist bei Innichen ein Bergrücken, der Vierschachberg, vorgelagert. An seinem Südosthang liegt auf 1443 m der Gasthof Jaufen, eine mehr als 300 Jahre alte Hofstelle. Von hier schweift der Blick bis weit zu den Sextner Dolomiten und über das Osttiroler, also bereits österreichische Pustertal, das sich bis Lienz hinzieht. Gegen Mittag kommen die Wanderer zum Essen, am Abend auf Vorbestellung auch Gruppen.

Essen | Trinken

Den Namen hat sich der Betrieb durch die Kochkünste der früheren Wirtin, die allgemein Kathi genannt wurde, verdient. Das Gasthaus wird jetzt von deren Schwiegertochter, Lidia Schönegger, im Sinne der Gründerin weitergeführt. Das Kochen liegt der Familie im Blut, einer der Söhne von Frau Kathi ist in Kalifornien ein geschätzter Spitzenkoch. Hier am Jaufen geht es bodenständiger zu: Die zünftigen Knödel und die Pusterer Schlutzkrapfen – mit Spinat und Kartoffeln gefüllt – sind natürlich hausgemacht. Wenn es ans Schlutzkrapfen-Machen geht, werden bis zu 1500 der Teigtaschen an einem Tag hergestellt. Eine Spezialität, und besonders von den vielen italienischen Gästen geschätzt, sind die Wildgerichte, darunter der Reh- und Hirschbraten im Stück. Wunderbar schmecken die gebackenen süßen Buchteln aus Hefeteig, mit Marillenmarmelade gefüllt. Auf der Weinkarte steht eine kleine Auswahl an Südtiroler Flaschenweinen.

Gasthof Jaufen Kathi
Fam. Schönegger
Winnebach,
Jaufenstraße 11
39038 Innichen
Tel./Fax 0474 966736
info@kathi.it
www.kathi.it

Innen Platz für 60 Personen, 20 Plätze auf der Terrasse vor dem Haus.

Ganzjährig geöffnet, Montag Ruhetag. Außerhalb der Saison ist Vormerkung erwünscht.

Unterkunft

Es gibt vier gemütliche, komfortable Zimmer.

Wie kommt man hin?

Zweihundert Meter ostwärts der Talstation der Helm-Umlaufbahn startet in Innichen/Obervierschach die Jaufenstraße, nach 3,5 km ist das Ziel erreicht.

Sehens- und Wissenswertes

- Die Silvesterkapelle steht an einem alten Übergang von Innichen nach Toblach. Das bereits im 12. Jh. erwähnte Kirchlein wurde dem gleichnamigen Viehpatron gewidmet und an der Stelle einer vorgeschichtlichen Wallburg errichtet. Es ist mit interessanten Fresken eines Brixner Meisters aus dem 15. Jh. geschmückt. Von Mitte Juni bis September täglich geöffnet.

(Rad-)Wanderungen

- Zur Abwechslung eine Anregung zu einer Mountainbike-Tour auf breiter, mäßig steiler und asphaltierter Straße: eine Panoramafahrt über den Innich- und Vierschachberg. Für die landschaftlich reizvolle Tour startet man in Untervierschach (1132 m) und nimmt die Anfahrt zum Gasthof Jaufen (1443 m). Nach Rast und Stärkung sind nur noch 50 Höhenmeter zu bewältigen; dabei jedoch nicht oberhalb des Gasthofs Jaufen auf den Forstweg Richtung Silvesterkapelle abbiegen, sondern – genussreich eben oder abwärts – geradeaus über den Vierschachberg zu den Jausenstationen Stauderhof (1437 m) und Feichterhof nach Toblach (1170 m) weiterradeln und über den Pusterer Radweg im Tal zurück. 2–3 Stunden, 400 Höhenmeter. Radverleih in Innichen, Infos: Tourismusbüro, Tel. 0474 913149
- Die Wälder und Almen um den Vierschachberg können natürlich auch erwandert werden. Ein beliebtes Ziel ist die Silvesterkapelle. Vom Gasthof Jaufen (1443 m) aus erreicht man das Kirchlein (1912 m) entlang der alten Talstraße in 1½ Stunden.

85 GASTHAUS FRONEBEN

Am Berghang oberhalb von Sexten-Moos liegt das Gasthaus Froneben (1540 m). Der Bauernhof, auf dem noch immer Landwirtschaft betrieben wird, ist seit Jahren eine bei Ausflüglern beliebte Einkehr. Von der Terrasse weitet sich der Blick auf die eindrucksvollen Sextner Dolomiten, die auch „Sonnenuhr" genannt werden. An den Gipfeln lässt sich – je nach Stand der Sonne – die Uhrzeit ablesen, die einzelnen Berge heißen daher: Elfer, Zwölfer und Einser.

Essen | Trinken

Den Gast erwartet im Gasthaus Froneben traditionelle Tiroler Bauernkost. Spezialitäten sind die Gerstsuppe, das Knödeltris, das Gulasch, die hausgemachten Schlutzkrapfen, der selbst geräucherte Speck oder die Kaminwurzen und im Herbst die Hauswürste mit Sauerkraut. Die italienischen Gäste lieben Polenta mit Pilzen oder überbackenem Käse und das Rehgulasch. Der Graukäse und der Sextner Käse kommen aus der dorfeigenen Sennerei. Herrlich sind die Mehlspeisen: Mohnkuchen, Käsesahnetorte, Buchweizentorte, Strudel. Zur Verdauung hilft der selbst angesetzte Schwarzbeerschnaps.

Wie kommt man hin?

Ab Sexten-Moos (beim Kaufhaus Schäfer) führt die zwei Kilometer lange, schmale Asphaltstraße zum Gasthaus Froneben.

Sehens- und Wissenswertes

- Am Hang oberhalb von Sexten steht eine kleine Waldkapelle. Während des Ersten Weltkriegs verlief in der Nähe von Sexten die Front zwischen Österreichern und Italienern. Nicht nur das Dörfchen, auch die Pfarrkirche wurde durch italienische Granaten schwer zerstört, sodass die Messe in der kleinen Waldkapelle gelesen werden musste. Zur Erinnerung an dieses Ereignis wird hier alljährlich am ersten Sonntag im August eine Feldmesse abgehalten.
- Schöne Landschaften haben schon immer Schöngeister angezogen. So hat der Bozner Maler Rudolf Stolz (1874–1960), der feinsinnigste der drei Brüder Ignaz, Albert und eben Rudolf, in seiner Wahlheimat Sexten seine Spuren hinterlassen. Im Friedhof schuf der Freskenmaler den Totentanz sowie etliche Werke an Grabstätten und unter den Arkaden. Ihm ist in Sexten das gleichnamige Museum gewidmet, das 160 Werke aus seinem Nachlass zeigt. Infos: Tel. 0474 710521

Wanderungen

- Hinter dem Gasthof Froneben verläuft der Weg zum Helm (2432 m, Markierung 3A), dessen Gipfel die Grenze zwischen Österreich und Italien markiert. Gehzeit ca. 2–3 Stunden. Der Auf- oder Abstieg lässt sich durch die Fahrt mit der Seilbahn ab Sexten/St. Veit verkürzen; sie bringt den Wanderer bis 2110 m Höhe.
- Im Winter wird der Weg Richtung Nemesalm geräumt bzw. gespurt: Von Sexten-Moos führt er breit (Markierung 13) bis zum Graben des Kreuzbergbachs, hier teilt er sich und geht nun schmaler, mit 139 markiert, zum Gasthof Froneben. Von dort zurück ins Dorf. Gehzeit 1½–2 Stunden, 280 Höhenmeter.
- Einer der wohl schönsten Dolomitenwanderwege zieht sich von Bad Moos (1356 m) fast eben durch das Fischleintal bis zur Talschlusshütte (1540 m) unter dem Einserkofel. Gehzeit 1½ Stunden. Im Winter lädt das Gebiet mit seinen gut gespurten Loipen zum Langlaufen ein.

Gasthaus Froneben
Fam. Pfeifhofer
Moos, Frakt. Kiniger 9
39030 Sexten
Tel. 0474 710070

In zwei Stuben gibt es 40 Plätze, ebenfalls 40 auf der Sonnenterrasse.

Vom 15. Oktober bis Weihnachten geschlossen. Durchgehend warme Küche, Montag Ruhetag (außer in der Hochsaison).

ALPHABETISCHES REGISTER

Wandern in seiner
bequemsten Form
Finn
Comfort
Made in Germany
Erhältlich bei
natural Look
NaturalLook
Bahnhofallee 5
Nähe Waltherplatz
39100 Bozen
Fordern Sie den
Gratiskatalog an unter
Tel. 0471 53 12 12 oder
www.finncomfort.it